AI文案写作指南

AI-Powered Copywriting Handbook

王虹力◎著

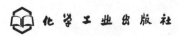

化学工业出版社

·北京·

内 容 简 介

本书是一本AI文案高效创作实战手册，它将引导读者利用AI工具彻底革新写作流程。本书从入门到进阶，系统地介绍了DeepSeek、文心一言、Kimi、通义、ChatGPT等AI写作工具，覆盖了它们的网页版与手机版使用方法，并随书附赠150多分钟的教学视频。

通过本书，读者将学会如何精准编写指令、优化AI生成的文案，以及如何巧妙地修改和润色AI作品，使其更贴近人类情感和商业需求。书中还提供了130多个指令模板，让读者能够快速套用，无论是创意写作、商业分析还是广告营销，都能信手拈来。

最吸引人的是，本书分享了近50个AI在各个领域的文案写作案例，如办公文案、新媒体文章、短视频脚本和电商广告等，展示了AI如何帮助文案创作者提升效率、激发创意，创作出更具吸引力和针对性的文案内容。

本书内容丰富、结构清晰，适合以下人群阅读：一是需要提升文案写作效率和质量的行政、市场营销、新媒体运营等职场人士，二是希望通过系统学习提升自己写作技能的文案写作初学者或非专业人士，三是高等院校和职业院校相关专业的学生和教师。

图书在版编目（CIP）数据

AI文案写作指南 / 王虹力著. -- 北京：化学工业
出版社，2025. 4. -- ISBN 978-7-122-47519-0

Ⅰ. H152.3-62

中国国家版本馆CIP数据核字第20255V8D84号

责任编辑：夏明慧　　　　　　　　　　　　　封面设计：李　冬
文字编辑：李　彤　刘　璐　　　　　　　　　版式设计：盟诺文化
责任校对：杜杏然

出版发行：化学工业出版社（北京市东城区青年湖南街13号　邮政编码100011）
印　　装：三河市双峰印刷装订有限公司
710mm×1000mm　1/16　印张14　字数282千字　2025年6月北京第1版第1次印刷

购书咨询：010-64518888　　　　　　　　　　售后服务：010-64518899
网　　址：http://www.cip.com.cn
凡购买本书，如有缺损质量问题，本社销售中心负责调换。

定　　价：78.00元

在职场，文案写作无疑是一项至关重要的技能。无论是在对外的市场推广、品牌建设方面，还是在对内的跨部门沟通方面，一篇精准有力的文案往往能够成为沟通的桥梁，甚至直接影响决策，改变"游戏"规则。然而，文案创作并非易事，它要求作者具备敏锐的市场洞察力、出色的语言表达能力和创新的思维模式。

许多职场人士在文案写作中面临着诸多挑战，主要涵盖以下几个问题。

① 灵感枯竭：在紧张的工作节奏中，寻找创意灵感变得异常困难。

② 时间紧迫：面对截止日期的压力，快速产出高质量的文案成为一项艰巨的任务。

③ 技能不足：非专业写作者往往缺乏必要的写作技巧和知识。

④ 格式不规范：不同平台和场合对文案的格式有着严格的要求，掌握这些规范需要进行大量的学习和实践。

⑤ 个性化表达欠缺：在保持专业性的同时，如何让文案更具个性和吸引力，是许多写作者面临的难题。

为了解决这些问题，笔者撰写了这本《AI文案写作指南》。本书的核心在于利用AI技术，赋予文案写作以全新的生命力，帮助读者突破传统写作的局限，提升写作效率和质量。

本书的亮点体现在以下几个方面。

·智能化工具介绍：详细介绍了当前市场上领先的AI写作工具，如DeepSeek、文心一言、Kimi、通义等，让读者能够快速掌握这些工具的基本操作技巧。

·AI辅助写作的全流程：从注册账号到生成、修改、润色文案，本书提供了完整的AI辅助写作的全流程，确保读者能够在每个环节有效应用AI工具。

·AI驱动的创意激发：利用AI的数据分析和模式识别功能，读者可以在写作初期快速找到灵感，构建文案框架。

·个性化AI指令编写：教授读者如何根据具体需求编写精确的AI指令，以生成符合个性化需求的文案。

·利用AI优化文案质量：利用AI的自然语言处理功能，对生成的文案进行语法、逻辑和情感表达方面的优化。

·多场景AI写作应用：全书不仅涵盖传统的办公文案，还包括新媒体、短视频、电商等多领域的应用案例，展现了AI写作工具的广泛适用性。

·AI指令模板的创新应用：提供了丰富的AI指令模板，帮助读者在不同场景下快速生成高质量的文案。

·跨领域AI写作探索：书中还探讨了AI在人际沟通、旅行攻略、音乐创作等非传统写作领域的应用，拓宽了AI写作的应用领域。

此外，为了进一步帮助读者掌握文案写作技能，本书特别赠送了143个教学视频和130多个AI指令模板，这些资源将为读者提供更直观的学习体验和更丰富的实践指导。通过观看视频，读者可以更深入地理解AI写作工具的使用方法，并将它们应用到实际的写作过程中。

《AI文案写作指南》是一本适用于未来职场人士的写作手册，它不仅是一本工具书，更是一本思维指南。通过本书，读者将学会如何利用AI技术，将文案写作转变为一个高效、创新、个性化的创作过程。愿本书及其附加资源能为读者写作提供强大助力，让读者在文案创作的海洋中乘风破浪。

◎ 版本说明

本书涉及的各大软件和工具版本：DeepSeek是基于DeepSeek-R1模型，文心一言是基于文心大模型3.5的V3.0.0版本，ChatGPT为4.0版本，通义为通义千问2.5模型下的V3.0.0版本，智谱清言为GLM-4；文心一言App为3.5.0.10版本，Kimi智能助手App为1.3.9版本，通义App为通义千问2.5模型下的V3.3.0版本。

虽然本书是根据实际操作界面截取的图片，但书从编辑到出版需要一段时间，在此期间，这些工具的功能和界面可能会有变动，读者在阅读时，可根据书中的思路，举一反三，与时俱进地学习。

> 提醒：即使是相同的指令，软件每次生成的回复也会有所差别，这是软件基于算法与算力得出的新结果，这是正常的，所以书里的回复与视频中的回复可能有所区别，大家用同样的指令进行实操时，得到的回复也会有差异。读者在扫码观看教学视频时，建议把更多的精力放在操作技巧的学习上而非生成结果上。

◎ 资源获取

如果读者需要获取书中案例的指令与回复，请使用微信"扫一扫"功能扫描右侧二维码获取。

扫码获取
案例指令与回复

本书配套的教学视频与正文每一小节一一对应，读者可以按需扫描正文中的二维码，边看边学。

本书由王虹力著，参与资源整理的人员还有陈雅、李玲等人，在此表示感谢。由于笔者水平有限，书中难免有疏漏之处，敬请广大读者批评指正。

著　者
2025年1月

目 录

写作工具篇

写作技巧篇

写作案例篇

写作工具篇

▶ 第1章

工具一: DeepSeek

DeepSeek作为一款AI驱动的智能产品，凭借其强大的搜索与思维能力，能够显著提升文案写作效率。无论是在网页版还是手机版，DeepSeek都提供了全面的功能支持，帮助用户更快速地处理复杂任务。本章将逐步介绍DeepSeek网页版和手机版的具体功能，帮助用户充分发挥其办公与文案写作效能。

1.1 DeepSeek 网页版的操作技巧

　　DeepSeek网页版作为一款创新的智能对话平台，为用户提供了丰富的文案写作功能，旨在提升信息获取、内容分析以及交流对话的效率。本节将深入探索DeepSeek网页版的相关功能，帮助用户快速熟悉DeepSeek。

1.1.1　注册与登录DeepSeek

　　DeepSeek网页版是一款功能丰富、用户友好的在线人工智能工具，其操作页面简洁明了，以直观的方式呈现。即使是初次使用的用户，也能迅速上手并找到所需功能。下面介绍注册与登录DeepSeek网页版的操作方法。

　　步骤01 在电脑中打开相应浏览器，输入DeepSeek的官方网址，打开官方网站，单击"开始对话"按钮，如图1-1所示。

图 1-1　单击"开始对话"按钮

　　步骤02 进入登录界面，在"验证码登录"选项卡中，❶选中相应复选框；❷输入手机号和验证码；❸单击"登录"按钮，如图1-2所示，稍等片刻，用户即可使用手机号进行登录，如果是未注册的手机号将自动注册。或者，用户还可以通过单击"使用微信扫码登录"按钮的方式进行账号登录。

　　步骤03 此外，用户也可以在"密码登录"选项卡中，❶输入手机号/邮箱地址、密码等信息；❷选中相应复选框；❸单击"登录"按钮，如图1-3所示，即可通过手机号/邮箱地址登录DeepSeek。

图 1-2 单击"登录"按钮（1）　　图 1-3 单击"登录"按钮（2）

1.1.2 开启DeepSeek新对话

DeepSeek网页版的核心之一是其对话模式。在此模式下，用户可以通过输入问题或任务，启动新的对话。DeepSeek将基于其强大的自然语言处理能力，快速理解用户需求，并提供精准的解答和建议。下面介绍开启DeepSeek新对话的操作方法。

步骤01 在导航栏或输入框的上方，单击"开启新对话"按钮，如图1-4所示。

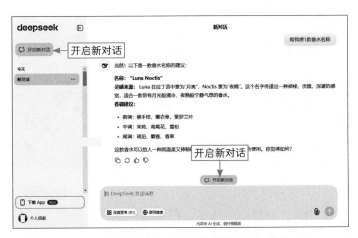

图 1-4 单击"开启新对话"按钮

步骤 02 执行操作后，即可开启一个新的对话页面，在上方的输入框中，输入相应的指令，用于指导AI生成特定的内容，如图1-5所示。

图 1-5　输入相应的指令

步骤 03 单击发送按钮 ↑，DeepSeek即可根据指令生成相应的内容，具体如下。

DeepSeek

月影蔷薇系列口红——10条吸睛标题文案：

1.【月影蔷薇】绽放双唇，魅惑如夜！(突出系列名称和神秘感)

2.一抹倾心，月影蔷薇口红解锁你的专属魅力！(强调产品效果和独特性)

3.丝绒质地，显色持久！月影蔷薇口红让你时刻闪耀！(突出产品特点和优势)

4.【限量发售】月影蔷薇口红，打造你的高级感妆容！(制造稀缺感和高级感)

5.温柔豆沙、复古正红……月影蔷薇口红，总有一款适合你！(突出色号多样性和适用性)

……

1.1.3　使用深度思考模式

DeepSeek的深度思考模式能够对给定的问题进行多维度、多层次、系统性的分析和推理，不会仅仅提供一个表面的答案。下面介绍使用DeepSeek深度思考模式的操作方法。

步骤 01 开启一个新的对话，单击输入区中的"深度思考（R1）"按钮，如图1-6所示，开启后，该按钮会变成蓝色。

图 1-6　单击"深度思考（R1）"按钮

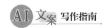

步骤02 在输入框中输入相应的指令，用于指导AI生成特定的内容，单击发送按钮↑，DeepSeek即可根据指令生成相应的内容，相关指令和回复如下。

👤 提问

假设你是一位资深的旅游产品策划师，需要为一家主营高端定制旅游服务的在线平台制定一份推广策略。目标受众是25～45岁的群体，该策略需涵盖线上互动活动、限时优惠套餐和团购折扣，同时突出旅游产品的个性化、高品质和性价比优势。请用简洁清晰的语言进行描述，并在策略中提出至少3个创新点。

🐳 DeepSeek

【高端定制旅游平台推广策略】
一、核心策略框架
1.线上互动矩阵：构建"VR旅行体验馆+AI行程生成器+直播云探店"三位一体互动平台
2.限时梯度优惠：推出阶梯式早鸟优惠（提前30天订享12%优惠，15天享8%优惠，7天享5%优惠）
3.社交团购模式：创新"熟人拼团+企业福利套餐+校友专属计划"三大组团体系
二、创新亮点设计
1.元宇宙旅行预览（创新点①）
开发基于目的地实景的VR（虚拟现实）沉浸体验系统，用户佩戴设备后可：
360°预览酒店客房景观
虚拟试吃米其林餐厅招牌菜
AI模拟不同时段景点人流场景
2.基因匹配旅行（创新点②）
推出"旅行DNA测试"互动H5，通过10道趣味题分析用户：
……

★ **专家提醒** ★

因为本书篇幅原因，AI工具回复的内容只展示部分要点，详细的回复内容，请扫描前言部分的二维码下载完整的指令与回复内容。

深度思考模式的基本特点如下。

（1）思维过程展示：不仅提供问题的答案，还详尽地展示思考的全过程，使用户能够清晰地洞察"机器的思考方式"，如图1-7所示。无论是奥数难题还是生活常识问题，都能为用户呈现出一个完整的分析论证体系。

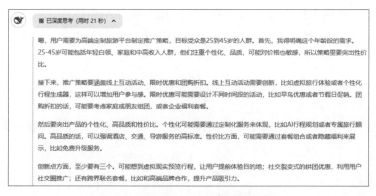

图 1-7　展示 DeepSeek 的深度思考过程

（2）复杂问题处理：在应对复杂的逻辑推理、数据分析及编程挑战时，DeepSeek表现出卓越的能力，能够从多角度全面审视问题。例如，在探讨"是否应以成败论英雄"时，DeepSeek会综合历史视角、现代社会价值观等多个维度进行论证。

（3）类人推理机制：具备类似人类的推理模式，如自我提疑、回溯思考、不断假设验证等。在遭遇困惑时，甚至会"暂停"思考，展现出"紧张"等情绪反应。

1.1.4　使用联网搜索模式

DeepSeek能够利用最新的在线数据来生成回答内容，这不仅提高了答复的精确度，也保证了信息的时效性。在处理查询任务时，DeepSeek会综合考量多个信息源，从中挑选最恰当的内容，以满足用户的查询需求。下面介绍使用DeepSeek联网搜索模式的操作方法。

步骤01 开启一个新的对话窗口，单击输入区中的"联网搜索"按钮，如图1-8所示。

图 1-8　单击"联网搜索"按钮

步骤02 在输入框中输入相应的指令，用于指导AI生成特定的内容，按回车键或单击发送按钮↑，DeepSeek即可根据指令生成相应的内容，相关指令和回复如下。

提问

请依据最新的教育技术创新走向，深入剖析并概括2026年智能化学习平台在教育管理中的应用前景。

DeepSeek

2026年智能化学习平台在教育管理中的应用前景

引言

随着人工智能、大数据、云计算等技术的快速发展，智能化学习平台正逐步成为教育管理的核心工具。2026年，智能化学习平台将进一步深度融合教育管理场景，推动教育模式的创新与效率的提升。本文将从技术驱动、应用场景、挑战与对策等方面，深入剖析智能化学习平台在教育管理中的应用前景。

技术驱动：智能化学习平台的核心支撑

1.人工智能与大数据分析

人工智能技术通过机器学习、自然语言处理等手段，能够实时分析学生的学习行为数据，生成个性化学习方案，并为教育管理者提供精准的决策支持。例如，AI可以自动识别学生的学习难点，推荐适合的学习资源，同时帮助教师优化教学策略。

2.云计算与边缘计算

云计算为智能化学习平台提供了强大的数据存储和计算能力，支持大规模用户同时在线学习。边缘计算则进一步提升了数据处理效率，确保实时反馈和低延迟的学习体验。

3.虚拟现实（VR）与增强现实（AR）

......

1.1.5　上传附件提取文字

扫码看视频

DeepSeek的上传附件自动识别功能，允许用户轻松上传各类文档和图片，并能帮助用户迅速将其中的文字内容提取出来，无须再进行烦琐的手动输入。

对于经常需要处理大量文档的用户来说，这一功能大大提高了工作效率。无论是PDF、Word等格式的文档，还是包含复杂排版和多种字体的图片，DeepSeek都能准确识别其中的文字，并将其转换为可编辑的文本格式，具体操作如下。

步骤01 在DeepSeek页面，❶单击输入区中的"上传附件"按钮🔗；❷上传一张图片，如图1-9所示。

图 1-9　上传一张图片

步骤02 在输入框中输入相应的指令，单击发送按钮⬆，DeepSeek即可根据指令生成相应的内容，相关指令和回复如下。

📷 提问

提取图片中的文字内容并进行总结。

🐋 DeepSeek

图片中的文字内容主要是一个美术培训机构的招生广告。以下是总结：

1. 机构名称：呦呦美术
2. 课程目标：
提高孩子的动手能力
提高色彩感知能力
提高创意表达能力
掌握基本运笔和配色能力
3. 课程特色：
分阶段定制教学
……

1.2 DeepSeek 手机版的操作技巧

与网页版相辅相成，DeepSeek的手机版同样为用户提供了强大的AI辅助功能，支持随时随地生成工作所需的内容。无论是创意文案的生成、热点信息的获

取，还是决策方案的制定，DeepSeek的手机版都能高效协助用户解决实际问题。本节将详细介绍DeepSeek手机版的操作技巧。

1.2.1 下载DeepSeek手机版

DeepSeek手机版，全称为"DeepSeek—AI智能对话助手"，其界面设计简洁明了，对用户友好。无论是iOS（苹果）系统还是安卓系统，用户都可以在应用商店轻松下载并安装。下面介绍安装DeepSeek手机版的操作方法。

步骤01 在手机的应用市场App中，❶搜索DeepSeek，找到DeepSeek App的安装包；❷点击"安装"按钮，如图1-10所示。

步骤02 安装完成后，点击软件右侧的"打开"按钮，如图1-11所示。

步骤03 进入DeepSeek手机版，在弹出的"欢迎使用DeepSeek"面板中，点击"同意"按钮，如图1-12所示。

图1-10　点击"安装"按钮

图1-11　点击"打开"按钮

步骤04 进入登录界面，❶选中相应复选框，❷输入手机号和验证码，❸点击"登录"按钮，如图1-13所示，即可用手机号和验证码进行登录。用户还可以使用微信进行登录，完成登录后，进入"欢迎使用DeepSeek"界面，点击"开启对话"按钮，即可进入"新对话"界面。

图 1-12　点击"同意"按钮

图 1-13　点击"登录"按钮

1.2.2　使用指令生成文案

DeepSeek App中的AI功能可以帮助用户在短时间内生成创意文案。无论是社交媒体推文、广告文案还是营销邮件，DeepSeek都能根据场景提供个性化建议，具体操作如下。

步骤01 打开DeepSeek App，进入"新对话"界面，点击输入框，在输入框中输入相应的指令，让AI生成智能手表的广告文案，如图1-14所示。

步骤02 点击发送按钮↑，便可以得到DeepSeek生成的文案，如图1-15所示。

图 1-14　输入相应的指令

图 1-15　生成的文案（部分）

1.2.3 使用拍照识文字

扫码看视频

"拍照识文字"功能是一种便捷的信息获取方式，用户只需用手机拍摄图片，如文字段落、物体细节等，DeepSeek即可自动识别相关信息，快速返回相关解答或资料。下面介绍使用"拍照识文字"功能快速提取信息的操作方法。

步骤01 进入"新对话"界面，在输入框下方点击➕按钮，如图1-16所示。

步骤02 展开相应面板，点击"拍照识文字"按钮，如图1-17所示。

步骤03 进入拍摄界面，对准需要拍摄的内容，点击界面下方的"拍照"按钮，如图1-18所示。

图 1-16　点击相应按钮　　　　图 1-17　点击"拍照识文字"按钮　　　　图 1-18　点击"拍照"按钮

步骤04 执行操作后，即可完成拍照，点击右上角的✔按钮，如图1-19所示。

步骤05 稍等片刻，即可将拍到的照片上传，如图1-20所示。

步骤06 在输入框中输入指令，指导AI提取图片文字，如图1-21所示。

步骤07 点击发送按钮⬆，即可获得AI的回复，具体如下。

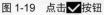

图 1-19 点击✔按钮　　　图 1-20 上传拍到的照片　　　图 1-21 输入指令

🐋 DeepSeek

> 从图片中提取的文字信息如下：
>
> 招聘职位
>
> 技术岗：托福雅思教师、国际理科教师
>
> 业务岗：国际游学顾问、市场专员
>
> 职能岗：行政助理、行政前台、人事助理
>
> 关于我们
>
> ……

1.2.4 使用图片识文字

扫码看视频

"图片识文字"功能和"拍照识文字"功能基本相似，都可以通过图片识别文字，帮助用户提取文字、总结图片上的文字内容以及根据图片上的文字内容进行专业解答，具体操作如下。

步骤01 进入"对话"界面，在输入框下方点击➕按钮，如图1-22所示。

步骤02 展开相应面板，点击"图片识文字"按钮，如图1-23所示。

图 1-22　点击相应按钮

图 1-23　点击"图片识文字"按钮

步骤03 进入相应界面，选择需要上传的图片，如图1-24所示。

步骤04 执行操作后，即可上传选择的图片，如图1-25所示。

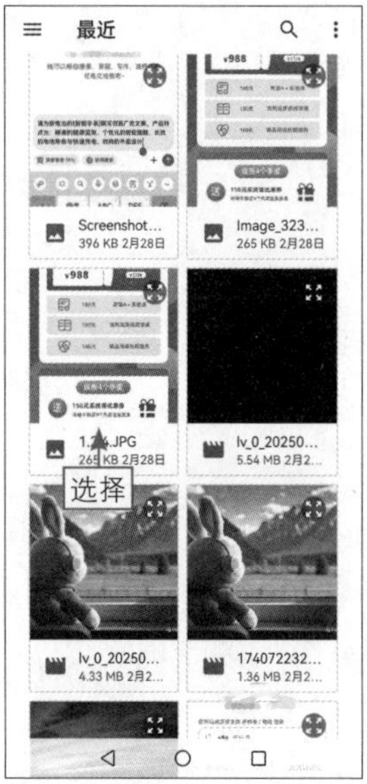

图 1-24　选择图片

图 1-25　上传图片

步骤05 输入相应的指令，点击发送按钮↑，DeepSeek即可根据指令快速生成相应的回复，相关指令和回复内容如下。

提问

识别图片中的文字信息，并进行分析与总结。

DeepSeek

图片中的文字信息主要是一个英语学习课程的促销广告，标题为"领航新学期"。以下是主要内容的总结：

课程优惠：

提供"英语绿报六礼包"，承诺快速提升英语成绩。

限时特惠，折扣为5.7折。

连续报名3个季度的课程总价为¥988，原价为¥1729。

课程内容：

英语A+系统课：180天。

……

1.2.5　分析上传的文件

▶扫码看视频

DeepSeek手机版和电脑版一样，都可以上传文档或表格等格式的文件，用户可以让DeepSeek分析并总结上传的文件内容，具体操作如下。

步骤01 进入"对话"界面，在输入框下方点击 ✚ 按钮，展开相应面板，点击"文件"按钮，进入相应界面，选择需要上传的文件，如图1-26所示。

步骤02 执行操作后，即可上传选择的文件，如图1-27所示。

步骤03 输入相应的指令，点击发送按钮 ⬆，DeepSeek即可根据指令快速生成相应的回复，相关指令和回复内容如下。

图 1-26　选择文件

图 1-27　上传文件

提问

分析文件中的内容并进行总结。

DeepSeek

文件《1.2.5.docx》主要讨论了文物保护的重要性及其在多个方面的作用。以下是内容的分析和总结：

历史传承：文物是历史的物质载体，见证了人类社会的发展和变迁。通过保护文物，我们能够更好地理解历史，汲取前人的智慧和经验。例如，中国的长城和埃及的金字塔等世界文化遗产展示了古代建筑技术和社会结构。

文化认同：文物是民族文化的象征，代表了一个国家或民族的特色和精神。保护文物有助于增强民族自豪感和文化自信。例如，希腊的帕特农神庙是古希腊文明的象征，也是希腊人民文化认同的核心。

······

▶ 第 2 章

工具二：文心一言

　　文心一言是由百度研发的知识增强大语言模型，能与人对话互动、回答问题、协助创作，高效便捷地帮助人们获取信息、知识和灵感。本章将分别介绍文心一言网页版与手机版的使用方法，帮助大家快速上手体验这个人工智能工具。

2.1 文心一言网页版的使用方法

文心一言网页版的界面非常简洁明了、条理清晰，基本操作都可以在一个页面中完成。本节主要介绍文心一言网页版的使用方法。

2.1.1 注册和登录账号

扫码看视频

文心一言是由百度研发，因此用户只需要使用百度账号即可进行登录，如果用户没有百度账号，注册起来也不需要花费太多时间。下面介绍注册与登录文心一言的操作方法。

步骤 01 在浏览器中搜索并进入文心一言官网，单击"开始体验"按钮，如图2-1所示。

图 2-1 单击"开始体验"按钮

步骤 02 弹出相应对话框，单击右下角的"立即注册"链接，如图2-2所示。

图 2-2 单击"立即注册"按钮

★ 专 家 提 醒 ★

已经拥有百度账号的用户可以选择使用账号密码或者短信验证的方式进行登录，也可以打开手机中的百度App进行扫码登录。

步骤 03 进入百度的"欢迎注册"页面，如图2-3所示，输入相应的用户名、手机号、密码和验证码，选中阅读并接受各项协议复选框，单击"注册"按钮即可。

图 2-3　百度的"欢迎注册"页面

2.1.2　使用推荐指令体验功能

用户进入文心一言的主页后，AI会推荐一些指令，用户可以选择感兴趣的指令来开启对话，体验文心一言的对话功能，具体操作方法如下。

步骤 01 在文心一言的主页中，选择相应的指令，如图2-4所示。

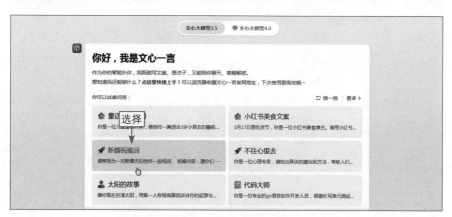

图 2-4　选择相应的指令

步骤02 执行操作后，即可发送指令内容，AI工具会生成相应的文案，相关指令和回复内容如下。

提问

请帮我为一对新婚夫妇创作一段祝词。

祝福内容：愿你们的生活充满爱和幸福。

祝福风格：诗意丰富，包含传统元素。

祝福长度：不超过100字。

文心一言

佳偶天成情意浓，珠联璧合映华堂。

愿爱如春花绽满园，幸福似秋月常圆满。

百年好合同舟济，岁岁今朝共枕眠。

传统佳话传千古，情深似海永相伴。

2.1.3 输入和发送指令

在文心一言中，用户除了可以使用推荐的指令进行对话外，还可以输入和发送自定义的指令，让AI进行文案创作，如让AI为参加初中篮球联赛的同学写一篇文稿打气，相关指令和回复内容如下。

扫码看视频

提问

我们班有位女同学代表校篮球队参加了初中篮球联赛，我想写一篇文稿为她打气。要求：语言精练，充满力量，给人鼓舞，不超过350字，以华兴中学的李兴同学为开头。

文心一言

华兴中学的李兴同学，你是我们学校的骄傲，更是校篮球队的璀璨之星！在即将到来的初中篮球联赛中，你肩负着荣誉与责任，我们为你加油打气！

你的汗水洒在训练场上，你的身影跃动在篮筐下。你的每一次突破，都展现了不凡的勇气和实力。在赛场上，你是无畏的战士，是团队的灵魂。

李兴，相信自己，相信队友，你们是最棒的！用你坚定的眼神，告诉对手你们的决心；用你精准的投篮，为校队赢得每一分荣誉。无论前路如何坎坷，我们始终与你并肩作战，为你呐喊助威！

勇往直前，拼搏到底！李兴，你是最棒的篮球运动员，你是华兴中学的骄傲！加油，向着胜利，冲刺吧！

2.1.4 收藏和调用指令模板

扫码看视频

用户可以在文心一言的"百宝箱"对话框中收藏一些指令模板，这样在需要使用某些指令时，可以直接在输入框中输入"/"（正斜杠符号）获取指令模板，具体操作方法如下。

步骤 01 在文心一言主页的左侧单击"百宝箱"按钮，如图2-5所示。

图 2-5　单击"百宝箱"按钮

步骤 02 弹出"一言百宝箱"对话框，切换至"场景"中的"营销文案"选项卡，单击相应指令模板右上角的"收藏"按钮☆，如图2-6所示，将其收藏。

图 2-6　单击"收藏"按钮

步骤 03 关闭"一言百宝箱"对话框，在输入框中输入"/"，在上方弹出的列表框中选择收藏的指令模板，如图2-7所示。

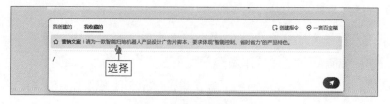

图 2-7　选择收藏的指令模板

步骤 04 执行操作后，即可自动填入所选的指令模板，单击 🖈 按钮，即可获得AI的回复，相关指令和回复内容如下。

提问

请为一款智能扫地机器人产品设计广告片脚本，要求体现"智能控制、省时省力"的产品特色。

文心一言

智能时代，让清洁更简单

开篇画面：清晨的阳光透过窗户，洒进温馨的客厅。一位年轻女性正忙于准备早餐，而她的目光偶尔掠过地面上的几片落叶和尘埃。

旁白："在繁忙的生活中，你是否也为做家务而烦恼？忙碌的早晨，是否曾让你对地面的杂物感到无奈？"

镜头切换：女子拿起扫帚，但随即放下，转而看向一旁的智能扫地机器人。

旁白："现在，有了这款智能扫地机器人，一切都将变得不同。"

产品展示：镜头聚焦在智能扫地机器人上，展现其精致的外观和高端的设计。

旁白："它拥有先进的智能控制系统，只需一键启动，便可自主规划清洁路线，让每一寸地面都焕然一新。"

功能演示：机器人自动启动，智能识别地面状况，绕过障碍物，深入难以触及的角落。

旁白："省时省力，再也不用为清洁而烦恼。无论是顽固的污渍，还是隐藏的尘埃，它都能轻松应对。"

使用场景：一家人围坐在沙发上，享受着休闲的时光，而智能扫地机器人则在默默地工作。

旁白："当你与家人共享美好时光时，它已经在默默地为你打造一个干净整洁的家。"

结尾画面：夜幕降临，智能扫地机器人完成工作，自动返回充电座。客厅中，一切都显得井井有条。

旁白："智能扫地机器人，让清洁变得简单。加入智能时代，让生活更加美好。"

标语：智能控制，省时省力，清洁新选择！

尾声：伴随着轻快的音乐，画面渐渐淡出，留下产品标识和购买信息。

旁白："立即行动，让智能扫地机器人成为你家庭的得力助手！"

2.1.5　让AI重新生成文案

扫码看视频

如果用户对于文心一言生成的内容不太满意，可以单击"重新生成"按钮让AI重新回复，具体操作方法如下。

步骤 01 在上一例生成的回复下方，单击"重新生成"按钮，如图2-8所示。

图 2-8　单击"重新生成"按钮

步骤 02 系统会再次向AI发送相同的指令，同时AI也会重新生成相关的回复内容，相关指令和回复内容如下。

提问

请为一款智能扫地机器人产品设计广告片脚本，要求体现"智能控制、省时省力"的产品特色。

文心一言

广告片开头

清晨的阳光透过窗户，洒在一间干净整洁的客厅里。

旁白：繁忙的都市，宁静的清晨，如何让你的家始终如新？

场景一：忙碌的上班族

画面切换至一位忙碌的上班族，正在为出门前的琐事而烦恼。

旁白：每天忙于工作，哪有时间打扫房间？

产品亮相

此时，一款智能扫地机器人缓缓驶入镜头，它的外观现代，线条流畅。

旁白：这就是你的智能生活助手——全新智能扫地机器人。

场景二：智能控制展示

画面展示上班族通过手机App轻松操控扫地机器人，它灵活地在房间中穿梭，避开家具，清扫地面。

旁白：一键操控，轻松掌握。无论是家中角落还是狭窄缝隙，都能精准清洁，无须动手。

场景三：省时省力体验

上班族看着手机，脸上露出满意的笑容。画面快速切换到机器人自动回充、自动规划清扫路线的场景。

旁白：它不仅能为你省时，更能为你省力。智能规划清扫路线，自动回充，无须你时刻关注。

场景四：清洁效果展示

扫地机器人清扫过的地方，地板光洁如新，连细微的尘埃都无处遁形。

旁白：深度清洁，让你的家焕然一新。

结尾

上班族满意地拿起公文包，走出家门。扫地机器人静静地停在充电座上，等待下一次任务。

旁白：智能扫地机器人，让你的生活更轻松。省时省力，从它开始。
标语
画面渐暗，只留下产品的标识和标语。
标语：智能清洁，从此无忧。选择我们，让家更美好。

★ 专家提醒 ★

当AI重新回复后，用户可以在AI回复内容的下方单击"更好""更差"或"差不多"按钮，对两次回复的内容进行对比评价；还可以单击回复内容右侧的 ‹ 2/2 › 按钮，切换查看之前的回复内容。

2.1.6　新建一个对话窗口

用户可以在文心一言中新建对话窗口，这样便于管理对话内容和查找历史对话记录，具体操作方法如下。

步骤01 在上一例对话窗口的左侧，单击"对话"按钮，如图2-9所示。

图 2-9　单击"对话"按钮

步骤02 执行操作后，即可重新创建一个对话窗口，如图2-10所示。

图 2-10　重新创建一个对话窗口

步骤 03 另外，用户在左侧单击"展开导航"按钮 ⟩，如图2-11所示，展开左侧的导航栏。

步骤 04 在导航栏的顶部单击"新建"按钮，如图2-12所示，也可以创建一个新的对话窗口。

图 2-11　单击"展开导航"按钮　　　　图 2-12　单击"新建"按钮

2.1.7　管理历史对话记录

用户可以在文心一言的主页左侧导航栏中查看和管理历史对话记录，进行置顶、重命名、删除和隐藏等操作，具体操作方法如下。

步骤 01 在导航栏中选择一个历史对话，如图2-13所示，查看相应的对话信息。

图 2-13　选择历史对话

步骤 02 在历史对话的右侧单击"置顶"按钮 ✿，如图2-14所示，即可将该历史对话置顶。

步骤 03 在置顶的历史对话的右侧单击"输入"按钮 $\mathscr{Q}$，在输入框中输入新的对话名称，如图2-15所示，单击 $\checkmark$ 按钮确认，即可修改历史对话的名称。

图 2-14　单击"置顶"按钮

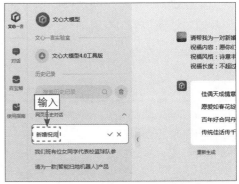
图 2-15　输入新的对话名称

步骤 04 单击历史对话右侧的"删除"按钮 $\widehat{\text{面}}$，弹出信息提示框，如图2-16所示，用户可以单击"删除"按钮将其删除，也可以单击"取消"按钮，保留对话内容，关闭信息提示框。

步骤 05 完成历史对话的管理后，用户可以单击导航栏右侧的"收起导航"按钮 $\langle$，如图2-17所示，即可将导航栏折叠起来，隐藏历史对话记录，让对话窗口变得更加简洁。

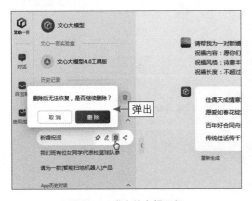
图 2-16　弹出信息提示框

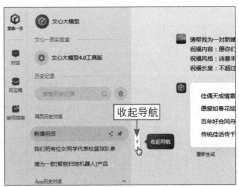
图 2-17　单击"收起导航"按钮

2.1.8　体验插件功能

扫码看视频

文心一言不仅具有强大的语言理解和生成能力，还通过插件的形式，为用户提供了更加多样化的扩展功能。例如，"百度搜索"

是文心一言中的一个固定插件，它可以帮助用户快速搜索和获得百度上的相关搜索结果，具体操作方法如下。

步骤 01 单击输入框上方的"插件"按钮，如图2-18所示。

步骤 02 单击后弹出插件列表框，如图2-19所示。用户可以选中相应插件右侧的复选框，进行使用。

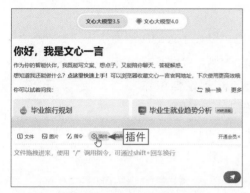

图2-18 单击"插件"按钮

图2-19 弹出插件列表框

步骤 03 在输入框中输入"百度搜索：北京今日天气"，单击"发送"按钮 ，或按键盘上的"Enter"键，文心一言会将指令发送到百度搜索引擎，并返回相关的天气信息，相关指令和回复内容如下。

提问

百度搜索：北京今日天气。

文心一言

北京今日天气为晴转多云，气温范围在20℃～32℃之间，东南风小于3级，空气质量轻度污染，空气质量指数为135。请注意防晒，出行时请关注天气预报和路况信息，以确保安全。

★ 专 家 提 醒 ★

由于"百度搜索"是固定插件，因此不需要进行选择，用户可以直接调用。另外，如果用户想使用其他插件，可以在插件列表框中单击右上角的"插件商城"链接，在弹出的"插件商城"对话框中进行选择和安装。

2.2 文心一言手机版的使用方法

除了在网页版进行对话之外，用户可以在手机上下载文心一言App，为自己的生活和工作增加一位智能助手。本节主要介绍文心一言App的使用方法。

2.2.1 下载和安装软件

扫码看视频

用户可以在文心一言官网下载App，也可以在手机的应用商店中下载。下面以在应用商店下载文心一言App为例，介绍操作方法。

步骤01 打开手机中的应用商店App，在搜索框中输入"文心一言"，如图2-20所示。点击"搜索"按钮进行查找。

步骤02 在搜索结果中，点击文心一言App右侧的"安装"按钮，如图2-21所示，即可自动完成软件的下载和安装。

图 2-20　输入软件名称

图 2-21　点击"安装"按钮

2.2.2 登录账号并进行设置

扫码看视频

如果用户之前在网页版注册了账号，这里可以直接登录文心一言App；如果没有注册账号，也可以在手机上进行注册和登录。完成登录后，用户还需要进行一些设置，才能进入文心一言的操作界面，具体操作方法如下。

步骤01 在手机屏幕上点击文心一言App的图标，进入软件，在弹出的"温馨提示"对话框中点击"同意"按钮，如图2-22所示，同意软件的相关协议。

步骤02 进入登录界面，输入手机号，选中"请您阅读并同意百度用户协议和隐私政策及儿童个人信息保护声明"复选框，点击"下一步"按钮，如图2-23所示。

步骤03 进入验证界面，点击"验证码登录"按钮，如图2-24所示。

步骤04 进入"短信验证码登录"界面，将收到的验证码输入，如图2-25所示，即可完成登录。

★ 专家提醒 ★

如果用户没有百度账号，可以在验证界面的底部点击"注册"按钮，根据提示进行注册即可。

步骤05 完成登录后，进入屏幕上方"助手"界面，对助手进行设置。如在"选择助手"中选择"小言"，"性格设置"中选择"温柔暖男"，"语速设置"中选择"较快"，点击"保存设置"按钮，如图2-26所示，完成设置。

图2-22　点击"同意"按钮

图2-23　点击"下一步"按钮

图2-24　点击"验证码登录"按钮

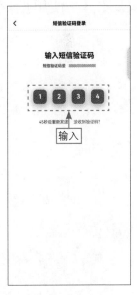

图2-25　输入验证码

步骤 06 进入"对话"界面，如图2-27所示，即可开始与助手进行交流。

图 2-26 点击"保存设置"按钮

图 2-27 进入"对话"界面

2.2.3 使用指令生成文案

扫码看视频

进入文心一言App后，用户可以通过文字与AI进行对话，获得即时的信息、答案和建议，无须等待或浏览大量资料。这种对话的方式不仅提高了效率，还为用户提供了与人工智能合作的机会，以解决各种问题和任务，相关案例如下。

提问

如果你是一名幼儿园老师，需要写六一儿童节的文案，要求内容与小朋友们开心玩耍的场景相关，请提供五条相关文案。

文心一言

当然，我很乐意帮你完成这个任务。以下是我为六一儿童节准备的五条文案，每一条都配上了与小朋友们开心玩耍场景相关的描述：

1.六一儿童节快乐！看，我们的孩子们在阳光下自由奔跑，笑容如花般绽放。愿每一个孩子都能像今天这样，无忧无虑，快乐成长！

2.童年的快乐，就是和小伙伴们一起尽情玩耍。看，他们正在操场上放飞自我，享受着这美好的时光。六一儿童节，愿每个孩子都能拥有这样难忘的回忆！

3.在这个充满欢声笑语的节日里，孩子们的笑容，是我们最宝贵的礼物。看着他们在游戏中展现出的纯真与活力，我们不禁感叹：童年真好！六一儿童节快乐，愿你们永远保持这份纯真与快乐！

4.孩子们的笑声，是世界上最动听的音乐。在这个六一儿童节，让我们一起为他们的快乐欢呼，为他们的成长喝彩！愿每一个孩子都能拥有一个美好的童年！

5.童年的回忆，总是那么美好。看着孩子们在游乐场里尽情玩耍，我们仿佛也回到了那个无忧无虑的年代。六一儿童节，让我们一起为孩子们送上最真挚的祝福，愿他们永远保持这份童真与快乐！

★ 专家提醒 ★

如果用户不方便看屏幕，可以长按文心一言生成的文案，在弹出的工具栏中点击"播报"按钮，即可让AI将文案进行语音播报，如图2-28所示。

图 2-28　AI 进行语音播报

2.2.4　通过语音进行对话

扫码看视频

文心一言App支持用户通过语音与AI进行交流，通过"语音播报"功能还可以让AI将生成的回复朗读出来，具体操作方法如下。

步骤 01 在"对话"界面的底部,点击输入框右侧的"语音对话"按钮 ⊙ ,如图2-29所示。

步骤 02 执行操作后,输入框会变成"按住说话"按钮,如图2-30所示,按住该按钮,即可启动语音对话,界面下方会显示语音输入区。

步骤 03 通过语音输入"帮我想六个公众号文章选题",如图2-31所示,停止语音输入并松开手指,即可停止录音,并自动发送指令。

图 2-29　点击"语音对话"按钮　图 2-30　变成"按住说话"按钮　图 2-31　输入指令

步骤 04 AI会根据指令生成回复,并自动进行播报,相关指令和回复内容如下。

提问

帮我想六个公众号文章选题。

文心一言

当然可以,亲爱的。以下是六个公众号文章的选题建议:

1.《如何成为情绪管理大师:三个简单实用的方法》

这篇文章可以探讨情绪管理的重要性,并介绍三种简单实用的情绪管理方法,帮助读者更好地掌控自己的情绪,提升生活和工作中的幸福感。

2.《科技改变生活：智能家居的未来趋势》

随着科技的不断发展，智能家居已经成为越来越多的人关注的话题。这篇文章可以探讨智能家居的现状和未来趋势，介绍一些智能家居产品和技术，并讨论它们将如何改变我们的生活。

3.《爱情保鲜秘籍：如何维持长久而美好的关系》

爱情是人类永恒的话题，而如何维持长久而美好的关系则是一个挑战。这篇文章可以分享一些爱情保鲜的秘籍，包括沟通技巧、相互理解、信任建立等方面，帮助读者在爱情路上更加顺利和幸福。

4.《从零开始：教你打造个人品牌并吸引粉丝》

这个选题可以详细讲述如何通过精心策划的内容、独特的观点和持续的努力，逐步建立起自己的个人品牌，并吸引越来越多的粉丝。你可以分享一些实用的技巧和案例，帮助读者找到适合自己的定位和发展方向。

5.《职场攻略：如何在职场中脱颖而出》

这个选题可以针对职场新人或者想要在职场中取得更好发展的读者。你可以分享一些职场上的成功经验和技巧，比如如何与同事和领导建立良好的关系、如何高效地完成工作任务、如何在职场中保持积极的心态等等。通过具体的案例和实用的建议，帮助读者提升职场竞争力。

6.《心理疗愈：如何缓解压力和焦虑，保持心理健康》

内容概要：分享一些有效的心理疗愈方法，帮助大家缓解压力和焦虑，保持心理健康。可以包括一些冥想、呼吸练习、情绪管理等方面的内容。

★ 专家提醒 ★

如果用户需要让AI进行语音播报，记得先点击"对话"界面右上角的 按钮，开启"语音播报"功能。另外，点击回复内容底部的 按钮，也可以让AI对生成的回复进行播报。

2.2.5　上传图片进行写作

在文心一言App中，除了可以输入文字和语音外，用户还可以上传图片作为指令，生成一些创意文案，如看图写诗，具体操作方法如下。

步骤01 在"对话"界面的底部，点击 按钮，在弹出的面板中选择一张图片，如图2-32所示。

步骤02 执行操作后，AI会对图片进行检测，检测完成后点击"确定"按钮，如图2-33所示，即可上传图片。

图 2-32 选择一张图片

图 2-33 点击"确定"按钮

步骤 03 在输入框中输入"看图写诗",点击 按钮,连同图片一键发送,AI即可根据图片内容创作一首诗歌,并附有相关思路分析,相关指令和回复内容如下。

提问

看图写诗

文心一言

海天一色映夕阳,
轻浪拍岸声悠扬。

贝壳静卧沙滩上，
粉白条纹映晚光。
远望天边云缥缈，
近听海风诉衷肠。
此景此情难言尽，
只愿时光永长留。

分析：从图片中我们可以看到，夕阳下的沙滩、海浪、贝壳和天空中的云彩共同构成了一幅美丽的画卷。在回答中，我尝试通过描绘这些景象来传达图片的意境。第一句和第二句描述了夕阳和海浪的景象，第三句则突出了贝壳的特点，第四句则是对整个场景的总结。在接下来的两句中，我通过描绘天边云彩和海风的声音，进一步增强了画面的宁静和美丽感。最后一句则表达了对这种美好时光的不舍和留恋。整首诗力求简洁明了，意境深远，希望能够满足"看图写诗"的提问需求。

2.2.6　与不同的角色进行对话

扫码看视频

用户可以在文心一言App中让AI扮演各种虚拟角色，从而获得更丰富的娱乐、学习、培训和交流体验，具体操作方法如下。

步骤 01 在文心一言App的"发现"界面中，切换至"职场"选项卡，如图2-34所示。

步骤 02 选择需要让AI扮演的虚拟角色，如"专业PPT大师"，如图2-35所示。

图 2-34　切换至"职场"选项卡　　　　图 2-35　选择相应的虚拟角色

步骤 03 进入与"专业PPT大师"对话的界面，输入指令，点击 ⑦ 按钮，AI会以"专业PPT大师"的身份来回答用户提出的问题，相关指令和回复内容如下。

📧 提问

请问可以制作一个教新手写文案的PPT吗？

🎐 文心一言

PPT标题页

标题：新手文案写作指南

副标题：从零开始，轻松掌握文案写作技巧

图片：一支笔在纸张上书写的插图

目录页

一、引言：文案的重要性

二、文案写作基础

三、吸引读者注意力的技巧

四、文案的结构与布局

五、案例分析与实战演练

六、总结与答疑

一、引言：文案的重要性

内容：简要介绍文案在营销、广告、品牌传播等领域的重要性。

脚本：大家好，欢迎来到新手文案写作指南。在这个信息爆炸的时代，一篇好的文案可以迅速吸引目标受众的注意，提高品牌知名度和转化率。那么，作为文案新手，我们该如何掌握写作技巧呢？接下来，就让我们一起走进文案的世界。

二、文案写作基础

内容：

1.文案的定义与分类。

2.文案的语言风格与特点。

3.文案写作的基本要素（标题、正文、结尾）。

脚本：首先，我们要了解文案的定义与分类，明确不同类型的文案有不同的写作要求。接着，我们将探讨文案的语言风格与特点，比如简洁明了、能引起情感共鸣等。最后，我们将学习文案写作的基本要素，包括如何撰写吸引人的标题、如何构建引人入胜的正文以及如何设计令人难忘的结尾。

三、吸引读者注意力的技巧

内容：

1.抓住读者兴趣点的方法。

2.运用故事性叙述的技巧。

3.营造紧迫感。

脚本：在文案写作中，如何吸引读者的注意力至关重要。我们将学习如何抓住读者的兴趣点、运用故事性叙述的技巧，以及如何通过营造紧迫感来引导读者产生共鸣并采取行动。

四、文案的结构与布局

内容：

1.文案的开头与结尾设计。

2.正文的段落安排与逻辑顺序。

脚本：文案的结构与布局对于提高阅读体验至关重要。我们将学习如何设计吸引人的开头与结尾，合理安排正文的段落和逻辑顺序。

五、案例分析与实战演练

内容：

1.分析优秀文案案例。

2.实战演练：撰写一篇简单的文案。

脚本：通过案例分析，我们可以学习优秀文案的写作技巧和特点。接下来，我们将进行实战演练，尝试撰写一篇简单的文案，将所学知识运用到实践中去。

六、总结与答疑

内容：总结课程要点，解答学员疑问。

脚本：感谢大家的聆听与参与。在这节课中，我们共同学习了文案写作的基础知识和技巧。希望这些内容能对大家有所帮助。如果有任何疑问或建议，请随时提出。

2.2.7　将对话分享到社区

用户可以将AI生成的内容分享到文心一言App的"社区"界面中，与其他用户分享和交流经验，具体操作方法如下。

步骤01 进入"对话"界面，长按相应对话内容，点击工具栏中的"分享"按钮，如图2-36所示。

步骤02 点击"分享"按钮后，系统会自动选中对话内容左侧的复选框，在弹出的"分享到"面板中，点击"分享到社区"按钮，如图2-37所示。

步骤03 进入发布界面，输入标题和正文，在界面上方点击"设置封面图"按钮，如图2-38所示。

步骤04 进入"AI生成"界面，输入具体的封面描述词，点击"生成封面图"按钮，如图2-39所示，AI会根据封面描述词生成一张封面图片。

图 2-36　点击"分享"按钮　图 2-37　点击"分享到社区"按钮 图 2-38　点击"设置封面图"按钮

步骤05 如果用户对AI生成的图不满意，可以点击"重新生成"按钮，如图2-40所示，AI会重新进行生成。

步骤06 点击界面右上角的"完成"按钮，如图2-41所示，即可更换封面。

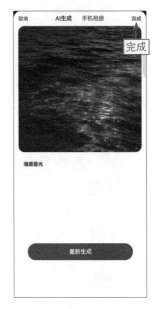

图 2-39　点击"生成封面图"按钮　图 2-40　点击"重新生成"按钮　图 2-41　点击"完成"按钮

步骤07 返回发布界面，点击"发布"按钮，如图2-42所示，将对话进行发布。

步骤08 跳转至"我"界面，可以查看发布的对话内容，如图2-43所示，该内容通过系统审核后即可发布到"社区"界面中。

图 2-42　点击"发布"按钮

图 2-43　查看发布的对话内容

03

▶ 第 3 章

工具三：Kimi

　　Kimi是月之暗面科技有限公司（下文简称"月之暗面"）旗下的国产大语言模型，全球首个支持输入20万汉字的智能助手产品，有着超大"内存"，可以用于创作整理、专业学术论文的翻译和理解、阅读和总结文件等。本章将分别介绍Kimi网页版与手机版的操作方法。

3.1 Kimi 网页版的操作方法

　　Kimi网页版的页面很清晰整洁，功能十分完善丰富，包含智能对话、文件处理、网页内容解析等，还具备开放平台、用量限制、历史记录查看等高级功能。本节主要介绍Kimi网页版的操作方法。

3.1.1　登录Kimi平台

▶ 扫码看视频

　　Kimi是由月之暗面推出的智能助手，擅长中英文对话，能够帮助用户提升工作效率。用户可以通过手机验证或微信扫码的方式，直接登录Kimi平台，登录后即可开启与Kimi的对话。下面介绍登录Kimi平台的具体操作方法。

　　步骤01 在浏览器上搜索Kimi网页版，找到其官网链接并单击进入，单击官网页面左侧导航栏中的"登录"按钮，如图3-1所示。

图 3-1　单击"登录"按钮

　　步骤02 弹出"登录"对话框，如图3-2所示，在对话框的底部，已默认选中"扫码默认已阅读同意《模型服务协议》和《用户隐私协议》"复选框，用户可以输入相应手机号和验证码，或者打开微信扫一扫，来完成登录。

图 3-2　弹出"登录"对话框

3.1.2　生成所需文案

登录Kimi后，即可解锁主页的所有按钮。用户可以输入并发送具体的指令，让Kimi根据指令内容，生成用户所需要的文案，下面介绍具体的操作方法。

▶扫码看视频

步骤 01 在Kimi主页左侧的导航栏中，单击"开启新会话"按钮，如图3-3所示，即可进入Kimi的聊天窗口。

图 3-3　单击"开启新会话"按钮

步骤 02 在聊天窗口底部的输入框中，输入指令，单击"发送"按钮或按键盘上的"Enter"键，将指令发送，Kimi即可根据要求生成所需的文案，相关指令和回复内容如下。

扫码看视频

提问

请写一个主题为"电商文案写作指南"的公众号标题文案。

Kimi

"电商文案写作指南：打造爆款商品的秘诀"

★ 专家提醒 ★

用户可以通过重新编辑指令，让指令更加明确、具体，让AI生成的回复更加精准、更加满足用户的需求。

3.1.3　复制生成的文案

当用户需要复制Kimi所生成的文案内容时，可以通过移动鼠标选择内容的方式进行复制；也可以单击"复制"按钮，完成复制，下面介绍具体的操作方法。

步骤01 在上一例的聊天窗口中，移动鼠标选择Kimi所生成的标题文案，单击鼠标右键，在弹出的快捷菜单中选择"复制"选项，如图3-4所示，即可复制Kimi生成的文案标题。

图 3-4　选择"复制"选项

步骤02 另外，单击回复内容下方的"复制"按钮，如图3-5所示，也可以复制Kimi生成的标题。

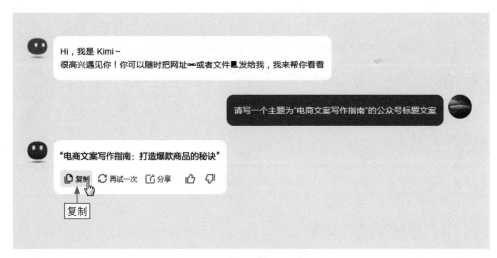

图 3-5　单击"复制"按钮

★ 专家提醒 ★

如果用户对Kimi生成的文案不满意，可以单击文案下方的"再试一次"按钮，Kimi即可根据指令重新生成文案。

3.1.4　分享文案内容

在Kimi的聊天窗口中，用户获得需要的文案内容后，还可以将文案内容分享给朋友，具体操作方法如下。

步骤 01 在上一例的聊天窗口中，单击文案下方的"分享"按钮，如图3-6所示。

图 3-6　单击"分享"按钮

步骤 02 执行操作后，自动全选对话内容，并进入分享页面，如图3-7所示，用户可以根据需要单击对应的按钮，将对话内容以链接、文本或图片的形式进行分享；也可以单击"取消分享"按钮，退出分享页面。

图 3-7　进入分享页面

★ 专家提醒 ★

　　单击"生成图片"按钮后，将会弹出"分享图片预览"的对话框，用户可以单击"复制图片"或"保存图片"按钮，来完成图片形式的分享。

3.1.5　使用"Kimi+"功能

　　"Kimi+"是Kimi中新增的智能体功能，这个功能的设计十分全面，涵盖范围也很广泛，具有极高的实用性和创新性。"Kimi+"包括"官方推荐""办公提效""辅助写作""社交娱乐""生活实用"五大板块，拥有"学术搜索""翻译通"等众多应用场景。

　　Kimi可以化身为不同的角色，充当不同领域的专家，与用户对话，并利用智能算法和大数据分析，为用户答疑解惑，极大地节省了用户的时间和精力，提高了用户的工作效率，下面介绍具体的操作方法。

　　步骤01 打开Kimi的主页，单击"Kimi+"按钮⊛，如图3-8所示，即可进入"Kimi+"页面。

　　步骤02 在"Kimi+"页面中，用户可以单击"辅助写作"按钮，如图3-9所示，切换至"辅助写作"板块。

图 3-8　单击"Kimi+"按钮

图 3-9　单击"辅助写作"按钮

步骤 03 用户选择任意一种应用场景，即可与不同的专业角色进行对话。例如，选择"小红书爆款生成器"选项，如图3-10所示，即可进入和"小红书爆款生成器"的对话页面。

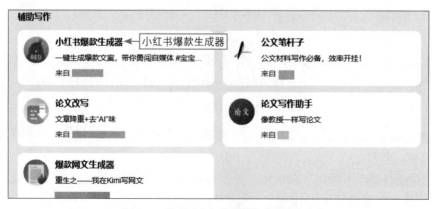

图 3-10　选择"小红书爆款生成器"选项

步骤 04 输入相应指令，按键盘上的"Enter"键发送，即可获得AI生成的小红书文案，相关指令和回复内容如下。

🔴 提问

请帮我写一个关于端午节美食分享的小红书爆款文案，字数不超过300字。

🄷 Kimi

标题：端午粽香飘千里，家的味道在这里！

正文：

端午佳节，粽叶飘香，家的味道，你还记得吗？今天，我要和大家分享几款超有情怀的粽子，让你一秒回到童年的端午记忆！

【传统味道】

首先，当然是我们的经典豆沙粽，甜而不腻，每一口都是满满的回忆。

【创新风味】

然后，是近年来超火的咸蛋黄肉粽，咸香四溢，每一口都是惊喜。

【健康选择】

最后，是为健康人士准备的杂粮粽，营养丰富，每一口都是健康的味道。

【家的味道】

无论你身在何处，端午的粽子总能唤起那份对家的思念。快来尝尝这些粽子，让家的味道，温暖你的心房。

首图建议：一张色彩鲜明、摆放着各种口味粽子的图片，背景可以是传统端午节装饰，如艾草、龙舟等，增加节日氛围。

爆款词：#端午节#粽子#家的味道#传统美食#美食分享#端午安康#咸蛋黄肉粽#豆沙粽#杂粮粽

除了"小红书爆款生成器"以外，"Kimi+"还有24种其他不同的角色可供选择，它们可以模拟不同的场景和专业身份，通过对话来帮助用户答疑解惑。

3.1.6　输入网址总结内容

Kimi有非常强大的整合信息与资料的功能，它可以通过阅读文件、联网搜索等形式来搜集整合资料、总结内容。用户可以输入网址链接，让Kimi进行信息的整合和汇总，下面介绍具体的操作方法。

步骤 01 在聊天窗口的左侧导航栏中，单击"回到首页"按钮🄷，如图3-11所示，即可返回Kimi首页。

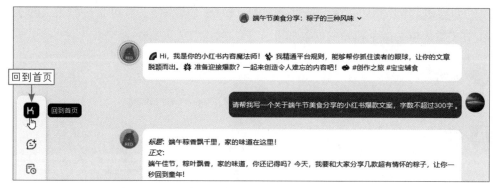

图 3-11　单击"回到首页"按钮

步骤 02 在输入框中输入相应的网址，单击"发送"按钮➤或按键盘上的"Enter"键，Kimi 会对用户所提供的网址内容进行总结，相关指令和回复内容如下。

🔘 提问

相应网址（具体网址略）

🄺 Kimi

您好！您提供的链接是关于电影《泰坦尼克号》的剧情详细介绍。这部电影讲述了 1912 年泰坦尼克号沉船事件背后的爱情故事。我为您总结了剧情要点如下：

1. 1912 年 4 月 15 日，载有 1316 名乘客和 891 名船员的豪华巨轮泰坦尼克号与冰山相撞后沉没，造成 1500 多人丧生，是 20 世纪十大灾难之一。

2. 1985 年，探险家在北大西洋海底发现了泰坦尼克号的沉船遗骸，在船舱内发现了一幅少女画像，这引起了 102 岁老妇人罗丝的注意，她自称就是画中人。

3. 1912 年 4 月 10 日，泰坦尼克号从英国南安普敦港出发，驶往美国纽约。富家女罗丝与母亲和未婚夫卡尔登船。同时，穷小子杰克通过赌博赢到了船票。

4. 罗丝厌恶势利的卡尔，一度想跳海自尽，被杰克救下，两人相识相爱。杰克带罗丝体验生活的乐趣，罗丝为杰克画像作为爱情见证。

5. 泰坦尼克号撞上冰山后，船上一片混乱。杰克把生存机会让给罗丝，自己冻死在海里。罗丝获救，杰克葬身海底。

6. 老态龙钟的罗丝向探险家讲述这段凄美的爱情。她将价值连城的"海洋之心"项链沉入海底，让这段爱情永远长眠。

总的来说，《泰坦尼克号》是一部经典的爱情灾难片，讲述了泰坦尼克号沉船事件背后的感人爱情故事。电影情节跌宕起伏，人物形象鲜明，感人至深，值得一看。希望这个剧情介绍对你有帮助。如果还有其他问题，欢迎随时问我。

3.2 Kimi 手机版的操作方法

Kimi既有网页版，又有手机版。Kimi手机版——Kimi智能助手是一款功能丰富的AI助手，旨在为用户提供高效、便捷的信息服务。用户可以在手机上下载Kimi智能助手App，开启高效的智能之旅，让工作和生活更加丰富多彩。本节主要介绍Kimi智能助手的操作方法。

3.2.1 安装Kimi智能助手

用户可以在应用商店App中搜索Kimi智能助手，一键完成下载和安装的操作，下面介绍具体的操作方法。

步骤01 打开手机中的应用商店App，在搜索框中输入软件名称，如图3-12所示，点击"搜索"按钮，即可进行查找。

步骤02 在搜索结果中，点击Kimi智能助手App右侧的"安装"按钮，如图3-13所示，即可自动完成软件的下载与安装。

图 3-12　输入软件名称

图 3-13　点击"安装"按钮

3.2.2 一键完成登录

▶扫码看视频

Kimi智能助手App与Kimi网页版相同，可以用手机号或微信号完成登录，下面介绍具体操作方法。

步骤01 在手机屏幕上点击Kimi智能助手App的图标，打开软件，点击"立即体验"按钮，如图3-14所示。

步骤02 在弹出的"用户服务及隐私协议"对话框中，点击"同意"按钮，如图3-15所示，同意软件的相关协议。

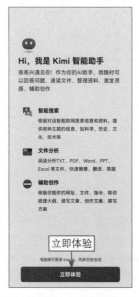

图3-14 点击"立即体验"按钮　　　　　图3-15 点击"同意"按钮

步骤03 进入与Kimi的聊天窗口界面，点击左上角的按钮☰，如图3-16所示。

步骤04 进入登录界面，如图3-17所示，用户可以选中"已阅读同意《中国移动认证服务条款》和《用户服务》和《隐私协议》"复选框，点击"本机号码一键登录"按钮，完成登录。

步骤05 用户也可以在选中相应复选框后，点击"手机验证码登录"按钮⌂，如图3-18所示。

步骤06 进入"手机验证码登录"界面，输入手机号，点击"验证并登录"按钮，如图3-19所示。

步骤07 进入"输入6位验证码"界面，将收到的验证码输入方格中，如图3-20所示。

图 3-16 点击左上角相应按钮　　　图 3-17 进入登录界面　　　图 3-18 点击"手机验证码登录"
　　　按钮

步骤 08 执行操作后,即可成功登录,并进入Kimi的聊天窗口,如图3-21所
示,开始与Kimi进行对话。

图 3-19 点击"验证并登录"按钮　　　图 3-20 输入验证码　　　图 3-21 进入 Kimi 的聊天窗口

3.2.3　使用文字指令进行生成

　　登录Kimi智能助手后，会一键跳转至Kimi的聊天窗口，在对话框中输入文字指令，点击"发送"按钮●，即可与Kimi进行对话。Kimi具备非常强大的语言处理能力和学习能力，可以与用户进行非常流畅自然的对话。与它合作，我们的工作和生活，也变得更加高效而便捷，相关案例如下。

● 提问

端午节快到了，请帮忙写五条真诚而独特的端午节祝福文案，要求适合发给亲人和朋友。

K Kimi

当然可以，端午节是中华民族的传统节日，象征着传承和祝福。以下是端午节的五条祝福文案，希望能够适合您发给亲人和朋友：

1. 端午佳节至，粽香飘四方。愿这端午的粽香，捎去我深深的祝福：愿你的生活像粽子一样甜蜜，事业如龙舟般飞速前进，幸福和健康伴你左右，端午节快乐！

2. 端午到，艾草青青，粽子香香。在这个充满传统气息的节日里，愿你的生活像粽子一样包裹着满满的幸福，像龙舟一样勇往直前，愿你和家人端午安康，幸福美满！

3. 端午佳节，龙舟竞渡，粽叶飘香。愿这节日的欢愉，如同龙舟的激流勇进，带给你无限的动力与希望。愿你的每一天都充满阳光，端午节快乐！

4. 端午佳节，粽香四溢，愿你的生活如这粽子般，每一口都是甜蜜的滋味。愿这节日的温馨，带给你和家人无尽的欢笑与幸福，端午节快乐！

5. 端午安康，粽叶包裹着满满的祝福，愿它带给你和家人健康与平安。在这个传统节日里，愿你的每一天都充满欢笑，事业和生活都如龙舟般奋勇向前，端午节快乐！

希望这些祝福文案能够为您的节日增添一份温馨与喜悦。

★ 专家提醒 ★

　　用户除了可以输入文字与Kimi进行对话，还可以发送语音指令与Kimi交流。

　　用户可以点击输入框中的"语音对话"按钮🎤，长按"按住说话"按钮，输入语音指令，松开按钮后即可发送该指令，Kimi在收到语音指令后，会及时根据指令内容，给出相应的回复。

　　另外，用户可以点击聊天窗口右上角的"播放"按钮◁-，开启播报功能，让Kimi自动将生成的回复朗读出来。

3.2.4　复制和分享文案内容

扫码看视频

Kimi手机版也具备复制和分享文案内容的功能，用户可以点击对应的按钮完成操作，具体操作方法如下。

步骤 01 在聊天窗口中，长按Kimi生成的文案内容，弹出相应菜单，点击"复制"按钮，如图3-22所示，即可复制成功。

步骤 02 另外，在Kimi生成的文案内容下方，点击"复制"按钮ⓒ，如图3-23所示，即可完成复制。

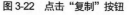

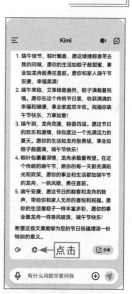

图 3-22　点击"复制"按钮　　图 3-23　点击"复制"按钮

步骤 03 在生成的文案下方，点击"分享"按钮，如图 3-24 所示。

步骤 04 进入"选择分享内容"界面，如图3-25所示。用户可以选择要分享的文案，在下方弹出的"分享至"对话框中点击相应按钮，进行分享。

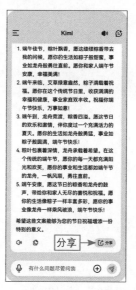

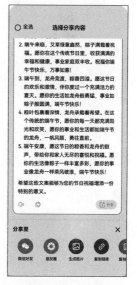

图 3-24　点击"分享"
按钮

图 3-25　进入"选择分享
内容"界面

3.2.5　让AI解析文档

在Kimi智能助手App的聊天窗口中，用户可以上传文档，让AI对文档进行阅读与理解，下面介绍具体的操作方法。

步骤 01 点击聊天窗口右上角的"开启新会话"按钮 ⟳，即可开启新会话，如图3-26所示。

步骤 02 点击聊天窗口右下方的"附件"按钮 ⊕，如图3-27所示。

步骤 03 进入文档选择界面，在近期的文件中选择相应文档，如图3-28所示，即可将其上传。

图 3-26　开启新会话　　图 3-27　点击"附件"按钮　　图 3-28　选择相应文档

步骤 04 在输入框中输入指令，点击"发送"按钮 ➤，将指令和文档一起发送给Kimi，即可让AI帮忙整理文档内容，相关指令和回复内容如下。

🔘 提问

请帮忙整理这个文档的内容（文档内容如下）

请对以下内容进行分类处理：

电脑6台、咖啡机4台、书柜2个、饮水机4台、扫描仪4台、保温杯15个、绿植20盆、垃圾桶8个、文件柜7个、电子钟3个、扫把4个、电风扇4台、地毯8块、空气清新剂6盒、陶瓷花瓶7个、鼠标12个、空调4台、笔记本6个、拖把5个、水壶6个、桌垫7块、扫地机器人2台、订书机6个。

Kimi

根据您提供的文档内容，我们可以将这些物品按照它们的功能或者使用场景进行分类。以下是一个可能的分类方式：

1. 电子产品类：电脑6台、咖啡机4台、扫描仪4台、电子钟3个、电风扇4台、空调4台、笔记本6个、鼠标12个、扫地机器人2台。

2. 办公家具类：书柜2个、文件柜7个、桌垫7块。

3. 日常用品类：保温杯15个、垃圾桶8个、扫把4个、拖把5个、水壶6个、空气清新剂6盒。

4. 装饰用品类：绿植20盆、地毯8块、陶瓷花瓶7个。

5. 其他：订书机6个。

这样的分类可以帮助您更好地管理和使用这些物品。如果需要进一步整理或者有特定的分类需求，请告知。

★ 专家提醒 ★

需要注意的是，用户所提供的文档最好是手机支持的格式，因为Kimi智能助手解析某些格式的文档可能会出现解析失败，从而导致出现无法发送的情况。

3.2.6　解锁AI的搜索功能

扫码看视频

Kimi具备超强的搜索功能，用户可以让Kimi帮忙搜索资料，Kimi会迅速搜索到用户需要的资料。如果用户需要直接的答案，Kimi也会利用搜索功能，结合最新搜索结果为用户提供优化而详细的答案。

用户可以打开Kimi的聊天窗口，在输入框中输入指令进行提问，让Kimi发挥它超强的搜索能力，使生成的回复内容更为精准，相关案例如下。

提问

你好Kimi，听说你互联网访问和搜索能力都超赞，请帮忙在互联网上搜索最新的小红书运营指南吧。

Kimi

找到了10篇资料作为参考

您好！我已经搜索到了一些关于小红书运营的最新指南，以下是一些关键信息的总结：

1. 账号筹备：建议新建账号以避免历史遗留问题，注意一机一号原则，避免多账号混用。

2. 账号"养熟"：新账号需要细心养护，包括个人资料配置和模拟日常浏览行为，养号周期约一周。

3. 内容营销：内容类型定位、标题和封面设计、推广策略、搜索优化等都是关键要素。

4. 疑难杂症：面对不收录或限流问题，需要检查违规内容、账号状态等，并采取相应对策。

5. 运营策略：包括精准定位、内容创作、理解平台机制、把握未来趋势等。

6. 推荐算法：小红书的推荐算法不断更新，运营者需要关注笔记评分和互动数据。

7. 封面/标题：封面和标题对于吸引用户打开至关重要，需要精心设计。

8. 高质量内容：内容需要有价值，抓住用户的注意力，并引导用户进行互动。

9. 笔记维护：发布后需要观察数据反馈，并适时调整内容或互动策略。

10. 变现方式：包括内容合作、自营小店、直播带货等，需要根据个人或品牌情况制定。

11. 未来趋势：小红书可能会继续加码本地生活和电商领域，运营者需要关注这些变化。

这些信息来自多个来源，包括脉脉、人人都是产品经理等平台。如果您需要更详细的内容或特定的指南，请告诉我，我可以进一步提供帮助。

★ 专家提醒 ★

　　Kimi在搜索完资料后，会对搜索到的资料进行总结，以便用户直接了解资料内容。另外，Kimi会提供搜索到的资料参考源，用户点击资料参考右边的▽按钮，即可查看Kimi搜索到的所有资料链接，点击任意一条蓝色超链接，即可跳转至对应网页，查看具体内容。

▶ 第 4 章

工具四：通义

通义，是由阿里云推出的大语言模型，它是全能型AI助手，具有全面的AI功能，包含多轮对话、文案创作、逻辑推理、多模态理解、多语言支持等强大的功能。本章将分别介绍通义网页版与手机版的操作技巧，带大家探索它的奥秘。

4.1 通义网页版的操作技巧

通义网页版的页面既丰富又简洁，提供了多种操作技巧和功能，可以满足用户的不同需求。它的功能主要包括"对话""效率""智能体"三大部分，每部分都很实用。此外，通义还提供了一些特色功能，如工具箱等。本节主要介绍通义网页版的操作技巧。

4.1.1 登录通义平台

通义，即通义千问，是由阿里云推出的AI助手，可以帮助用户提高办公效率，丰富生活娱乐方式。通义具有完备的对话、智能体等功能，用户可以通过手机号验证的形式登录平台，登录后即可开启AI对话之旅。下面介绍登录通义平台的具体操作技巧。

步骤01 在浏览器中搜索并进入通义官网首页，单击页面右上角的"去通义官网体验"按钮，如图4-1所示，即可进入通义官网。

图4-1 单击"去通义官网体验"按钮

步骤02 在通义官网的左下角单击"登录"按钮，如图4-2所示。

步骤03 执行操作后，弹出"通义"登录对话框，如图4-3所示。用户需要在方框中输入手机号，选中"我已阅读并同意用户协议、隐私政策"的复选框，单击"获取验证码"按钮，将收到的验证码填入框中，单击"登录"按钮，即可完成登录。

图 4-2　单击"登录"按钮

图 4-3　弹出"通义"登录对话框

4.1.2　发送需求获得文案

扫码看视频

用户在登录通义平台后，即可在通义的聊天窗口和通义进行对话。用户可以根据自己的需求，输入相应的指令并发送，通义将会根据用户需求进行文案生成，用户会立即获得所需文案。

在输入相应的指令需求后，单击"发送"按钮💠或按键盘上的"Enter"键，即可发送指令，通义将会根据指令要求，生成所需的文案，相关案例如下。

ᐯ 提问

请根据抖音文案风格，为保温杯产品写5个电商文案标题。

◈ 通义

1.【暖心升级，温度随行】24小时长效保温，一杯好水陪你度过每一个日夜！便携设计，办公室、户外都适用，让健康随时随地陪伴您！

2.【保温界的黑科技】双层真空技术，冷热皆宜，让你的饮品始终保持最佳口感。时尚外观，多彩选择，彰显个性品位！

3.【品质生活，从一杯温水开始】精选优质不锈钢材质，安全无毒，耐用易清洁。超大容量，满足全天候补水需求！

4.【你的私人温度管家】一键开盖，操作简便，防止泼洒。智能保温杯，精准控温，让每一口都是刚刚好的温度！

5.【保温杯也能这么潮】潮流设计，防滑握感，无论是健身房还是办公室，都能成为你的时尚配饰。长效保温保冷，四季皆宜！

4.1.3 复制文案内容

如果用户需要复制通义生成的文案内容，有两种方法可以实现，下面介绍具体的操作技巧。

步骤 01 在上一例的聊天窗口中，通过移动鼠标选中通义生成的文案内容，单击鼠标右键，在弹出的快捷菜单中选择"复制"选项，如图4-4所示，即可完成复制的操作。

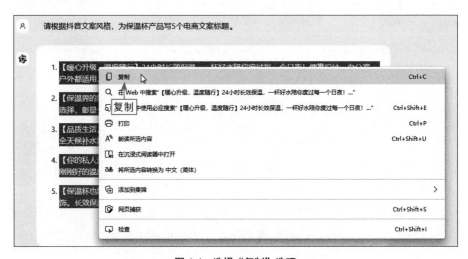

图 4-4　选择"复制"选项

步骤 02 在生成的文案下方，单击通义自带的"复制"按钮 ⊡ ，如图4-5所示，也可以完成内容的复制。

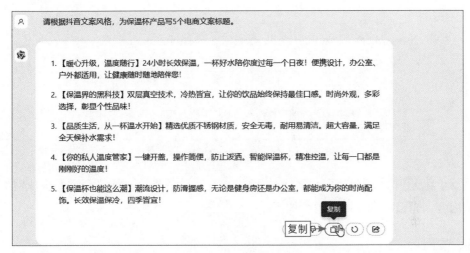

图 4-5　单击"复制"按钮

4.1.4　改写指令内容

通义支持对已发送的指令进行改写，如果用户对生成的文案不满意，可以修改指令后重新进行生成，具体操作方法如下。

▶ 扫码看视频

步骤 01 在对话窗口中，移动鼠标至已发送的指令上，单击右侧的"重新编辑"按钮 ✐ ，如图4-6所示，使指令变为可编辑状态。

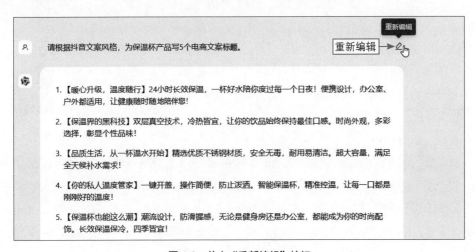

图 4-6　单击"重新编辑"按钮

步骤 02 对指令内容进行改写后，单击输入框右下角的"确认"按钮 ✓，如图4-7所示。

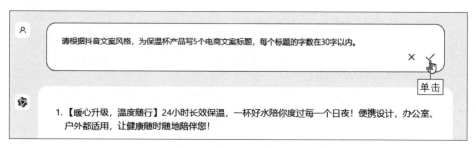

图 4-7 单击"确认"按钮

步骤 03 执行操作后，即可确认并发送改写后的指令，通义会重新生成对应的内容，相关指令和回复内容如下。

🙋 提问

请根据抖音文案风格，为保温杯产品写5个电商文案标题，每个标题的字数在30字以内。

通义

1. "暖心升级！智能锁温，全天候保热保冷"
2. "保温新时尚，24小时热度不减，出行必备"
3. "双层不锈钢，长效保温，品味生活每一刻"
4. "潮流保温杯，大容量设计，锁住温度"
5. "智能密封，一按即开，工作出行的最佳拍档"

4.1.5　使用指令中心的模板生成文案

扫码看视频

在通义中，用户除了可以输入指令生成文案之外，还可以使用指令中心的模板来生成文案，下面介绍具体的操作技巧。

步骤 01 在通义的对话窗口中，单击输入框右侧的"指令中心"按钮 ♂，如图4-8所示。

步骤 02 执行操作后，在对话窗口的右侧会弹出"指令中心"面板，在"全部"选项卡中选择"写公众号文章"选项，如图4-9所示。

步骤 03 在执行操作后，输入框中会自动填入相应的指令，单击●按钮或按键盘上的"Enter"键，即可发送指令，通义会根据指令生成对应的文案内容，相关指令和回复内容如下。

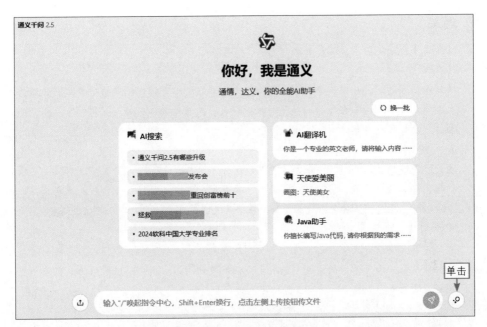

图 4-8　单击"指令中心"按钮

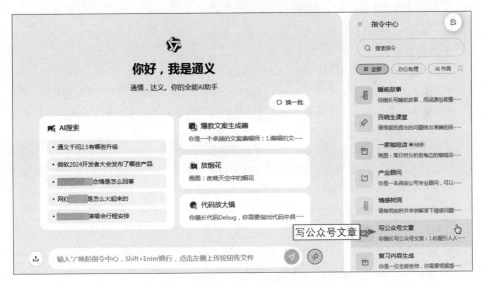

图 4-9　选择"写公众号文章"选项

提问

你擅长写公众号文章，现在你需要根据以下要求写一篇主题为"假日旅游胜地推荐"的公众号文章：1. 标题引人入胜，2. 内容有深度且易懂，3. 结尾留有引发讨论的点。

✦ 通义

【标题】：穿越四季，探索未知——假日旅游胜地全攻略

【正文】：

在这个忙碌的时代，我们总是在寻找那个可以让我们心灵得到释放的空间。假日正是我们逃离日常、探索未知世界的最佳时机。今天，就让我带你一起，穿越四季，探索那些值得一去的假日旅游胜地。

春季·花海寻梦

春天，是万物复苏的季节，也是赏花的最佳时节。不妨前往"东方普罗旺斯"——新疆伊犁，那里的杏花在四月绽放，一片片粉白相间的花海，仿佛是大自然的调色盘，美得令人心醉。在这里，你可以漫步花海，感受春天的气息，让心灵得到最温柔的抚慰。

夏季·海滨狂欢

夏日炎炎，没有什么比海边更能让人感到清凉与放松。推荐你去希腊的圣托里尼岛，那里的蓝顶教堂和爱琴海的碧波，构成了一幅绝美的画卷。夜晚，在海边的小餐馆享受一顿地道的地中海美食，听着海浪拍打岸边的声音，让夏天的热情与浪漫填满你的记忆。

秋季·山林寻幽

秋天，是收获的季节，也是观赏红叶的最佳时期。中国的九寨沟，以其多彩的湖泊和壮丽的瀑布闻名于世。当秋风起时，满山遍野的枫叶如火如荼，将九寨沟装扮得分外妖娆。在这里，你可以放慢脚步，深入山林，感受大自然的宁静与美丽。

冬季·雪域探秘

冬天，雪花纷飞，大地披上银装。如果你想要一场冰雪奇缘般的体验，加拿大班夫国家公园是一个绝佳选择。那里的雪山、冰川、温泉，构成了一个梦幻般的冬日世界。穿上滑雪装备，驰骋在雪白的山坡上，或者泡在热腾腾的温泉中，享受冬日的独特魅力。

文化寻根之旅·山西平遥古城

平遥古城位于山西省中部，是中国保存最为完好的四大古城之一，也是世界文化遗产之一。这里保留了大量明清时期的建筑，包括城墙、街道、店铺和民居。走在古城的石板路上，仿佛穿越回了数百年前的中国。你可以探访古城内的古迹，比如县衙、日升昌票号博物馆、镇国寺、双林寺等，深入了解中国古代的金融发展史和地方文化。

神秘探索之旅·云南元阳梯田

云南元阳梯田，位于云南省南部，是哈尼族人民智慧与汗水的结晶，被誉为"地球最美的曲线"。这片梯田分布在海拔500米至2000米之间，总面积约100平方公里，共有3000多级梯田。四季变换，梯田展现出不同的风貌：春水盈盈、夏绿如茵、秋稻金黄、冬雪皑皑，每一个季节都有其独特的美。

春季，当梯田注满水，在阳光照耀下波光粼粼，如同镶嵌在大地上的镜子，反射出天空的蔚蓝；夏季，绿色的水稻生机勃勃，梯田成为一片翠绿的海洋；秋季，稻谷成熟，金黄色的稻浪随风起伏，一片丰收的景象；冬季，白雪覆盖，梯田又变成一幅静谧的水墨画。

除了梯田的自然美景，元阳还是了解哈尼族文化和生活方式的好地方。参观哈尼村寨，品尝当地美食，体验哈尼族的传统节日和习俗，可以让您更深刻地感受到这片土地的深厚文化底蕴。

元阳梯田不仅是摄影爱好者的天堂，也是文化探索者和自然爱好者的心之所向。它以独特的方式展现了人与自然和谐共生的美好图景，是一次不可多得的神秘探索之旅。

【结尾】

每一次旅行，都是一次自我发现的旅程。在这个假日，不妨放下手机，背上行囊，去那些未曾踏足的地方，遇见不一样的风景，遇见更好的自己。在评论区分享你的旅行梦想或经历吧，让我们一起探索这个美丽的世界！

这样的文章结构清晰，每个部分都有其独特的亮点，旨在激发读者的旅行兴趣，同时提供实用的信息。结尾处的互动邀请，能够增加文章的参与感，鼓励读者分享自己的故事，形成良好的社区氛围。

★ 专家提醒 ★

在通义的"指令中心"面板中，用户还可以通过搜索来寻找需要的指令模板。

"指令中心"面板中的"全部"选项卡，囊括了指令中心的所有指令模板。此外，指令中心还对指令模板进行了细分，分为"办公助理""AI作画""创意文案""学习助手""趣味生活"这5大类别，用户单击　按钮，即可展开更多分类选项，方便用户更快找到所需要的指令模板。每个类别都有许多指令模板，用户可以滑动鼠标，选择感兴趣的指令模板。

4.1.6 巧用"智能体"功能

▶ 扫码看视频

除了"指令中心"面板外，通义还具备"智能体"功能，这个功能就像一个宝藏，版面简洁明晰、内容分门别类，分别有"全部分类""学习帮手""生活顾问""创作大师""绘画大师"等板块，用户可以根据自身需求任意切换，选择感兴趣的角色，与通义进行对话，下面介绍具体的操作技巧。

步骤01 单击页面左侧的"智能体"按钮，即可切换至"智能体"页面，如图4-10所示。

步骤02 点击"学习帮手"选项卡，如图4-11所示，即可查看"学习帮手"中的相关角色。

步骤03 选择"文本润色大师"选项，即可进入"文本润色大师"的对话窗口，如图4-12所示。

图 4-10 切换至"智能体"页面

图 4-11 点击"学习帮手"选项卡

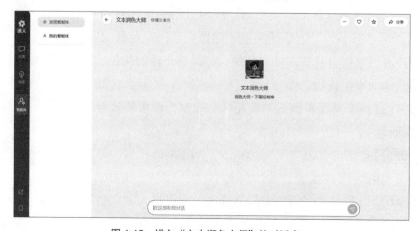

图 4-12 进入"文本润色大师"的对话窗口

步骤 04 在输入框中输入指令，按键盘上的"Enter"键发送，通义会生成对应的文案，相关指令和回复内容如下。

人 提问

请将下列文本进行润色，使其字数在1000字以上。

夏日的骄阳似火，空气中弥漫着热浪滚滚的气息，此时此刻，有什么能比一颗清甜多汁的西瓜更让人感到心旷神怡呢？这款西瓜，皮薄而坚韧，仿佛是大自然精心雕琢的艺术品，内里则是一片鲜红欲滴的果肉海洋，每一口咬下，都能感受到果汁在舌尖绽放的美妙瞬间，那是一种沁人心脾的清凉与甜蜜交织的绝妙体验。

红艳艳的瓜瓤，甜度恰到好处，既不会过于腻人，又能充分满足你对夏日甜美滋味的所有幻想。将它放入冰箱冰镇片刻，待其表面微微泛起一层晶莹的冷凝水珠，那份冰凉感更是令人难以抗拒。不论是与亲朋好友在户外野餐时共享，还是独自一人在家中小憩时慢慢品味，它都是那个能够瞬间提升幸福感的最佳伴侣。

来吧，让我们一起品尝这颗夏日里的甜蜜果实，让它的清凉与甜蜜陪伴我们度过每一个炎热的日子，直到夏末秋初，留下一串串美好而难忘的记忆。在这个充满活力的季节里，没有什么比一颗好西瓜更能代表夏天的味道了，它不仅解渴消暑，更能让我们的生活增添一份简单却纯粹的快乐。

通义

夏日，这个充满活力与激情的季节，犹如一幅绚烂多彩的画卷，缓缓铺陈在我们眼前。烈日高悬，将大地烘烤成一片金黄，空气中弥漫着热浪滚滚的气息，仿佛每一缕微风都在诉说着夏日的热情。然而，在这片炽热的天地之间，有一种水果以其独有的魅力，成为人们心中的一抹清凉——西瓜，它不仅是大自然的馈赠，更是夏日的使者，带着清凉与甜蜜，为人们的心灵带来慰藉。

想象一下，当你置身于夏日的热浪之中，突然间，一颗西瓜映入眼帘，它的外表光滑而坚韧，仿佛是大自然精心雕琢的艺术品。那绿与黑的条纹交织，如同夏日田野的缩影，透露出一种生机勃勃的气息。而当你小心翼翼地切开它，一片鲜红欲滴的果肉海洋展现在眼前，那色泽鲜艳，如同夏日的晚霞，美得令人心醉。每一口咬下，都能感受到果汁在舌尖绽放的美妙瞬间，那是一种沁人心脾的清凉与甜蜜交织的绝妙体验，仿佛是夏日里的一股清流，滋润着干涸的心田，让疲惫的灵魂得到了片刻的宁静与欢愉。

红艳艳的瓜瓤，甜度恰到好处，既不会过于腻人，又能充分满足你对夏日甜美滋味的所有幻想。将它放入冰箱冰镇片刻，待其表面微微泛起一层晶莹的冷凝水珠，那份冰凉感更是令人难以抗拒，仿佛是炎炎夏日中的一丝凉风，让人瞬间感到舒畅无比。不论是与亲朋好友在户外野餐时共享，还是独自一人在家中小憩时慢慢品味，西瓜都是那个能够瞬间提升幸福感的最佳伴侣。它以自己独有的方式，让人们在炎热的夏日里找到了一丝宁静与欢愉，成为了夏日记忆中最美好的一页。

让我们一起品尝这颗夏日里的甜蜜果实，让它的清凉与甜蜜陪伴我们度过每一个炎热的日子，直到夏末秋初，留下一串串美好而难忘的记忆。在这个充满活力与色彩的季节里，没有什么比一颗好西瓜更能代表夏天的味道了。它不仅解渴消暑，更像是一位老朋友，以它简单却纯粹的快乐，为我们的生活增添一抹亮色，让夏日的每一刻都变得格外珍贵与难忘。

西瓜，这个夏日里的甜蜜使者，不仅仅是大自然的恩赐，更是连接人与自然、人与人之间情感的桥梁。在品尝它的同时，我们也在品味着生活的甘甜与美好。让我们珍惜这份来自大自然的馈赠，让它成为我们夏日记忆中最美好的一页，伴随着我们走过每一个炎热的夏天，即使岁月悠长，回忆依然温暖。

夏日的西瓜，不仅仅是一种水果，它是一种情怀，一种对美好生活的向往与追求。在这个充满活力的季节里，让我们一起享受西瓜带来的清凉与甜蜜，让这份简单的快乐，成为我们夏日生活中最宝贵的财富。无论是在热闹的聚会中，还是在宁静的夜晚，一颗好西瓜总能为我们带来无尽的欢笑与温馨，让我们的夏日时光变得更加丰富多彩，留下一串串美好而难忘的记忆，直到夏末秋初，直至岁月的深处。于是，当夏日的余晖渐渐淡去，那份西瓜带来的清凉与甜蜜，将成为心中永恒的夏日之歌，回荡在记忆的深处，温暖着未来的每一个季节，直至岁月的尽头，那份清新与甜蜜，依旧如初，成为生命中最美的风景。

4.2 通义手机版的操作技巧

通义不仅有网页版，还有手机版。通义App是一款超大规模语言模型软件，具有强大的自然语言处理和生成功能，是满足用户在工作、学习和娱乐等多个场景需求的AI智能助手。本节主要介绍通义App的操作技巧。

4.2.1 下载和安装应用

用户可以在手机应用软件中下载通义App，体验其超强的功能，下面介绍具体的操作方法。

步骤01 打开手机中的应用商店，在搜索框中输入"通义"，如图4-13所示，点击"搜索"按钮进行查找。

步骤02 在搜索结果中，点击通义App右侧的"安装"按钮，如图4-14所示，即可自动完成软件的下载与安装。

图 4-13　输入软件名称

图 4-14 点击"安装"按钮

★ 专家提醒 ★

安装完成后，打开通义App，根据提示使用手机号进行登录，即可进入"助手"界面，开始与通义进行对话。

4.2.2　发送文字指令

在"助手"界面中，用户可以输入文字指令，与通义进行对话。通义是一款响应能力很出色的AI智能助手，它在收到指令后，会十分迅速而顺畅地给出回复。它能帮助用户快速获取信息，有它相伴，更加丰富了用户的工作和生活，相关案例如下。

扫码看视频

🧑 提问

请帮忙给即将参加高考的考生写两条祝福文案。

⭐ 通义

1.【星辰大海，等你来绘】亲爱的考生，你们即将踏上一场重要的旅程，这不仅仅是一场考试，更是青春与梦想的交汇。愿你们的笔下流淌出智慧的江河，心中充满勇气的光芒。高考不是终点，而是新旅程的起点。愿你们以梦为马，不负韶华，用汗水浇灌希望，让每一份努力都化作璀璨的成绩单。记住，无论结果如何，你们都是最棒的，因为你们已经勇敢地站在了起跑线上，向着梦想冲刺。加油，未来属于你们！

2.【破茧成蝶，展翅高飞】亲爱的勇士们，高考的号角已经吹响，这是你们人生中的一次重要战役。愿你们像勇士一样，面对挑战无所畏惧；像智者一样，应对难题从容不迫。每一道题目，都是通向未来的钥匙；每一次思考，都是成长的见证。相信自己，你们拥有无限的潜力和可能。高考只是你们人生长河中的一个瞬间，但你们的努力和坚持，将铸就永恒的辉煌。愿你们破茧成蝶，展翅高飞，翱翔在更广阔的天空。无论结果如何，你们都已经是最美的风景。加油，梦想就在前方，勇敢地去追逐吧！

4.2.3 语音播报文案

通义拥有"语音播报"的功能，可以将已经生成的文案朗读出来，下面介绍具体的操作方法。

步骤 01 在上一例的对话窗口中，长按生成的文案，在弹出的面板中点击"语音播报"按钮，如图4-15所示，即可开启"语音播报"功能，让AI将文案朗读出来。

步骤 02 再次长按文案，在弹出的面板中，点击"暂停播放"按钮，如图4-16所示，即可暂停AI的语音播放。

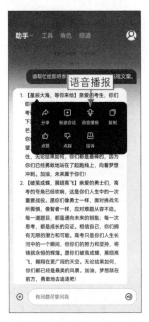

图 4-15 点击"语音播报"按钮

图 4-16 点击"暂停播放"按钮

4.2.4 复制和分享文案

扫码看视频

通义具备复制和分享文案的功能，同样需要长按相应的文案内容，再根据提示进行复制和分享操作，具体的操作技巧如下。

步骤 01 在通义的"助手"界面中，输入并发送指令，即可获得AI生成的文案，相关指令和回复内容如下。

🧑 提问

请帮忙写一个令人感动的婚礼现场主持稿开场白，字数控制在550字以内。

通义

尊敬的各位亲朋好友，女士们、先生们：

在这花好月圆、星光璀璨的美好夜晚，我们齐聚一堂，共同见证一段美丽的爱情故事，它的主角，就是我们今天的新郎和新娘。这不仅仅是一场婚礼，更是一次心灵的交会，两颗心的融合，它象征着承诺、责任与永恒。

爱，是宇宙间最温柔的力量，它能穿越时空，超越一切障碍。新郎与新娘的爱情，就像这夜空中最亮的星，指引着彼此，从相遇、相知到相爱，每一步都充满了甜蜜与幸福。他们的故事，或许没有惊天动地的大事件，但正是这些平凡日子里的点点滴滴，构成了他们独一无二的爱情篇章。

此刻，让我们带着最真挚的祝福，一起走进这个浪漫而神圣的时刻。愿这对新人，在未来的日子里，无论风雨兼程还是阳光明媚，都能手牵手，心连心，共同书写属于他们的美好未来。

接下来，就让我们以热烈的掌声，欢迎新郎新娘步入这人生中最幸福的殿堂，开启他们婚姻生活的全新篇章。愿他们的爱情，如同这璀璨的灯火，永远明亮，永远温暖。

让我们共同举杯，为这份美好的爱情，为新郎新娘的幸福，干杯！

【注】以上内容精心设计了情感铺垫、场景描绘及对新人的祝福，旨在营造温馨浪漫的氛围，使婚礼开场更加动人。

步骤 02 长按生成的文案内容，在弹出的面板中点击"复制"按钮，如图4-17所示，即可成功复制文案内容。

步骤 03 长按需要分享的文案内容，在弹出的面板中点击"分享"按钮，如图4-18所示。

步骤 04 系统自动跳转至分享界面，并自动选中要分享的内容，如图4-19所示，点击相应平台或分享方式对应的按钮，即可进行分享。

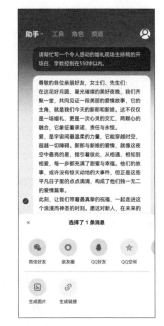

图 4-17　点击"复制"按钮　　图 4-18　点击"分享"按钮　　图 4-19　跳转至分享界面

★ 专 家 提 醒 ★

　　用户在进行分享操作的时候，点击"生成链接"按钮，将会自动生成分享链接，将其复制粘贴到相应的平台，即可完成分享。

　　用户想取消分享，可以在分享界面，点击"关闭界面"按钮×，或者在跳转到相应界面后，完成分享前，点击"取消"按钮。

4.2.5　解锁工具功能

　　除了直接与助手进行对话之外，用户还可以在通义App的"工具"界面中，选择不同身份的AI进行对话，具体操作方法如下。

　　步骤01 在"对话"界面的上方，点击"工具"按钮，如图4-20所示，即可切换至"工具"界面。

　　步骤02 在"发现更多"板块的右侧点击☰按钮，如图4-21所示。

　　步骤03 在弹出的"发现更多"对话框中，选择"效率神器"选项，如图4-22所示，即可切换至"效率神器"选项卡。

　　步骤04 在"效率神器"选项卡中选择"高质量周报助手"选项，如图4-23所示。

图 4-20 点击"工具"按钮　　图 4-21 点击相应按钮　　图 4-22 选择"效率神器"选项

步骤05 执行操作后，即可进入"高质量周报助手"的对话界面，如图4-24
所示。

图 4-23 选择"高质量周报助手"选项　　图 4-24 进入"高质量周报助手"对话界面

步骤06 输入并发送相应的指令，即可与"高质量效率助手"进行对话，让其生成需要的内容，相关的指令和回复内容如下。

⋊ 提问

请根据下面提供的信息，为我生成一份详细的本周周报。

本周我成功组织了三次跨部门会议，在组织跨部门会议时，遇到了各部门日程冲突的问题，下周计划进入"新产品研发"项目的原型设计阶段。

⚡ 通义

工作周报

本周业务核心进展

成功组织了三次跨部门会议，有效促进了部门间的沟通与协作，推进了多项议题的讨论与决策。

遇到的问题与解决情况

在筹备跨部门会议过程中，遭遇了各部门日程冲突的挑战。通过灵活调整会议时间和提前协调各方时间安排，成功解决了日程冲突问题，保证了会议的顺利进行。

下周工作计划

计划正式进入"新产品研发"项目的原型设计阶段。将与设计和工程团队紧密合作，确保设计符合产品需求和市场预期，同时关注原型的可行性和制造性。

以上为本周的工作总结与下周的计划，期待与团队成员共同推进项目进展，如有任何建议或需协助之处，请随时告知。

注：周报旨在清晰传达工作动态，促进团队间的透明度与协作。

请检查以上信息是否准确反映了您的工作情况。如果有任何补充或修改，请告诉我。

第 5 章

工具五: ChatGPT

ChatGPT是AI文案的主要生成工具之一。用户
登录ChatGPT平台后，通过输入相应的指令便可以
获得所需的文案，从而实现利用AI自动生成文案。
本章将带领大家熟悉ChatGPT平台的运用技巧。

5.1 ChatGPT 的基本操作方法

在ChatGPT平台中，用户可以通过相应的指令或提示词让ChatGPT生成所需的文案，然后再将文案复制出来，或修改，或使用，从而达到用AI生成文案的目的。本节将为大家介绍运用ChatGPT生成文案的基本操作方法。

5.1.1 注册与登录

在使用ChatGPT之前，用户需要注册并登录ChatGPT的账号。下
面介绍注册与登录ChatGPT的具体操作方法。

步骤01 打开浏览器搜索ChatGPT，在搜索结果中单击其官网链接，进入官网主页，单击"注册"按钮，如图5-1所示。注意，如果已经注册了账号的用户可以直接在此处单击"登录"按钮，输入相应的邮箱地址和密码，即可登录ChatGPT。

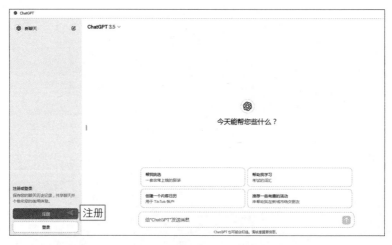

图 5-1　单击"注册"按钮

步骤02 进入"创建账户"页面，输入相应的邮箱地址，单击"继续"按钮，如图5-2所示，也可以直接使用微软或谷歌账号等进行登录。

步骤03 进入设置账号密码页面，单击"继续"按钮，如图5-3所示。随后，ChatGPT将对邮箱地址进行审核。邮箱地址通过审核后，系统会提示用户输入姓名和进行手机验证，按照要求进行设置即可完成注册，然后就可以登录并使用ChatGPT。

图 5-2　单击"继续"按钮（1）

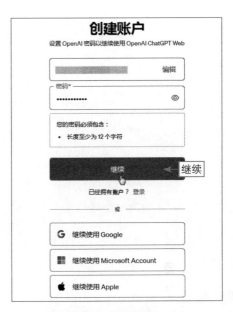

图 5-3　单击"继续"按钮（2）

步骤 04 登录完成后，进入ChatGPT主页，在页面的左上方，单击ChatGPT 3.5右侧的下拉按钮，在弹出的"模型"列表框中，选中GPT-4右侧的复选框，如图5-4所示，即可切换至ChatGPT 4版本。

图 5-4　选中 GPT-4 右侧的复选框

5.1.2　使用指令生成文案

扫码看视频

登录ChatGPT后，在ChatGPT的聊天窗口，即可进行对话，用户可以输入任何问题或话题，ChatGPT将尝试回答并提供与主题有关的信息，下面介绍具体的操作方法。

步骤 01 在ChatGPT的聊天窗口，单击底部的输入框，如图5-5所示。

步骤 02 在ChatGPT的输入框中输入相应的指令，如"请为电冰箱产品写一则宣传文案，要求400字以内"，如图5-6所示。

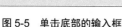

| 图 5-5 单击底部的输入框 | 图 5-6 输入相应的指令 |

步骤 03 单击输入框右侧的"发送"按钮↑或按在键盘上的"Enter"键，ChatGPT即可根据要求生成相应的文案，相关指令和回复内容如下。

提问

请为电冰箱产品写一则宣传文案，要求400字以内。

ChatGPT

这里有一则精心设计的电冰箱产品宣传文案，希望能满足您的需要：

【零度新纪元，畅享清新生活】

在繁忙的现代生活中，每一个家庭都值得拥有一台能提供更多便利和健康保障的电冰箱。今天，我们为您带来的不仅仅是一台电冰箱，而是一个全新的家庭食品保鲜中心——零度新纪元系列电冰箱。

高效节能，环保先锋

零度新纪元电冰箱采用最新节能技术，配备高效压缩机并优化了冷却流程，能在保证卓越冷藏效果的同时，降低能耗，减少对环境的影响。一年四季，都能以最低的电费，享受最优的冷藏效果。

智能控温，精准保鲜

独特的智能温控系统能根据存储的食材种类自动调节温度，从肉类到蔬菜，从水果到乳制品，每种食材都能在最适宜的温度下得到妥善保管。再也不用担心食材变质，每一口都是新鲜的味道。

超大容量，储存无忧

不论是家庭聚会，还是节日备货，零度新纪元电冰箱的超大容量设计都能满足您的需求。多功能隔层和可调节架位，使得空间利用更加灵活，整洁有序。

选择零度新纪元电冰箱，让我们共同开启一个清新、健康、环保的生活新纪元。现在就来体验这一切，让美好从"冷"开始！

希望这篇文案能够帮助您有效地推广您的产品！如果需要进一步调整或添加特定的产品功能，请随时告诉我！

5.1.3　让AI停止生成文案

用户在ChatGPT中发送消息后，ChatGPT一般都是以逐字输出的方式生成文案，当用户对当前所生成的文案存疑时，可以让ChatGPT停止生成文案，具体操作方法如下。

打开ChatGPT的聊天窗口，在输入框中输入"请提供两条适合文案导师身份的短视频标题文案。"并发送，ChatGPT即可根据要求生成文案。单击输入框右侧的"停止生成"按钮●，如图5-7所示，即可让ChatGPT停止生成文案。

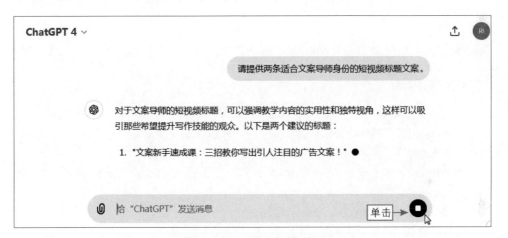

图 5-7　单击"停止生成"按钮

5.1.4　让AI重新生成文案

当用户对ChatGPT生成的回复不满意时，可以通过"重新生成"按钮🔄让它重新生成回复，ChatGPT会响应指令，通过更换表达方式或改变内容的方式，重新给出回复，具体操作方法如下。

步骤01 在上一例的聊天窗口中，单击已生成文案下方的"重新生成"按钮🔄，如图5-8所示。

步骤02 执行操作后，即可让ChatGPT重新生成完整的回复，相关指令和回复内容如下。

图 5-8 单击"重新生成"按钮

提问

请提供两条适合文案导师身份的短视频标题文案。

ChatGPT

为文案导师设计短视频标题时，我们可以强调他们在文案创作和教学领域的专业性和独特视角。这里有两个标题建议：

1. 文案大师课：三步打造爆款广告文案！

这个标题吸引那些希望学习如何编写有效广告文案的观众。它承诺教授具体的、实用的技巧，使内容看起来既专业又具有立即行动的吸引力。

2. 揭秘！文案导师教你用故事赋能品牌

此标题突出了使用故事讲述技巧来增强品牌影响力的策略，适合那些希望深化品牌情感联系的企业家或市场营销人员。标题中的"揭秘"增加了神秘感和吸引力。

★ 专 家 提 醒 ★

在重新生成文案后，文案左下角会出现页码，每重新生成一次就会新增一页，前面生成过的回复会保留下来，用户单击页码左右两边的箭头即可进行上下翻页。

5.1.5 选择内容进行复制

当用户需要复制ChatGPT生成的文案时，可以选择需要的内容进行复制，具体操作方法如下。

步骤 01 打开ChatGPT的聊天窗口，在输入框中输入相应指令并发送，ChatGPT即可给出回复，相关指令和回复内容如下。

RI 提问

请提供6个关于善良的文章标题。

⊛ ChatGPT

这里有六个关于善良的文章标题，供您参考：

1. 善良的力量：小小的行动可以改变世界

2. 在困难时期展现善良：我们可以从中学到什么？

3. 善良背后的科学：为什么好人经常得到好报？

4. 每天奉献一点善良：简单行为如何带来大变化

5. 教育中的善良：如何在学校培养下一代的同情心

6. 善良与职场：如何在工作中保持同理心和正能量

这些标题既可以用于启发性的论文，也适合实际案例研究，有助于引发读者对善良行为深层次的思考和讨论。

步骤 02 可以看到ChatGPT为用户提供了6个关于善良的文章标题，通过移动鼠标选择这些标题，单击鼠标右键，在弹出的快捷菜单中选择"复制"选项，如图5-9所示，即可复制ChatGPT生成的文章标题。

图 5-9　选择"复制"选项

用户可以将所复制的文案粘贴至记事本、Word文档等写作软件中，修改、保存作为备用。

5.1.6　单击按钮进行复制

除了可以选择性地复制ChatGPT回复的内容外，ChatGPT还自带"复制"按钮 🗗，可以让用户直接复制ChatGPT回复的完整内容，具体操作方法如下。

步骤 01 在上一例的聊天窗口中，单击文案下方的"复制"按钮 🗗，如图5-10所示，同样可以对ChatGPT生成的文案进行复制。

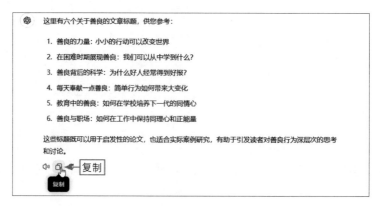

图 5-10　单击"复制"按钮

步骤 02 打开一个记事本，在键盘上按"Ctrl+V"组合键，即可粘贴所复制的内容，如图5-11所示，后续用户可以自行命名和保存。

图 5-11　粘贴复制的内容

5.1.7　改写已发送的指令

当用户发现发送的指令或提示词有误或者不够精准时，可以对已发送的信息进行改写，具体操作方法如下。

步骤 01 在ChatGPT的输入框中输入相应指令并发送，ChatGPT会逐字给出回复，相关指令和回复内容如下。

🅡 提问

请将下列词语组合成广告文案：
舒缓、刺激、雪山、提取、润肤、冰肌

⊛ ChatGPT

"探索雪山深处的神秘力量，我们从纯净的雪域精心提取珍稀植物精华。刺激与舒缓的完美结合，为您带来冰肌润肤的惬意体验。释放您的肌肤活力，感受前所未有的清新与滋养。立即拥抱这股来自自然的力量，让您的肌肤在冰雪的抚触下，重现青春光彩！"

步骤 02 拖曳鼠标至已发送的指令上，单击指令左侧的"编辑消息"按钮 ✎，如图5-12所示。

图 5-12　单击"编辑消息"按钮

步骤 03 执行操作后，即可对指令内容进行改写，把"请将下列词语组合成广告文案"改为"请将下列词语组合成精华液的广告文案"，单击"发送"按钮，如图5-13所示。

图 5-13　单击"发送"按钮

步骤 04 执行操作后，ChatGPT即可根据修改后的指令内容，重新生成回复，相关指令和回复内容如下。

🅡 提问

请将下列词语组合成精华液的广告文案：
舒缓、刺激、雪山、提取、润肤、冰肌

⑤ ChatGPT

> 为您的肌肤带来雪山般的纯净与清新。提取雪山植物精华，这款精华液专为刺激后的肌肤设计，深层舒缓与滋养。冰肌润肤，重现肌肤如冰雪般的透明与光滑。每一次使用，都是一次高山雪域的肌肤修护之旅。

用户通过翻页可以查看之前生成的文案，通过对比选择更好的文案。

5.2 ChatGPT的进阶操作方法

用户在掌握了ChatGPT的基本操作后，可以进一步掌握更多ChatGPT的用法，以便让ChatGPT真正地为我们所用。本节将介绍一些ChatGPT的进阶用法。

5.2.1 用GPTs生成思维导图

扫码看视频

GPTs是OpenAI推出的自定义版本的ChatGPT，通过GPTs，用户能够根据自己的需求和偏好，创建一个完全定制的ChatGPT。例如，借助"Diagrams ‹Show Me›"，用户可以快速生成需要的思维导图，具体操作方法如下。

步骤01 在ChatGPT的左上角，选择"探索GPT"选项，如图5-14所示。

步骤02 进入GPT页面，输入并搜索"Diagrams ‹Show Me›"，在搜索结果中选择相应的GPTs，如图5-15所示。

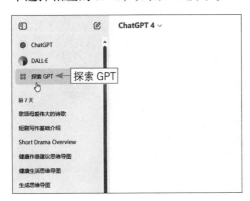

图 5-14 选择"探索 GPT"选项

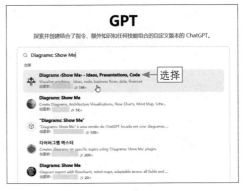

图 5-15 选择相应的 GPTs

★ 专家提醒 ★

用户输入"Diagrams: Show Me"进行搜索，也可以找到对应的GPTs，不过注意要使用英文标点符号。

步骤 03 执行操作后，弹出相应对话框，单击"开始聊天"按钮，如图5-16 所示。

步骤 04 执行操作后，即可进入对应GPTs的聊天窗口，如图5-17所示。

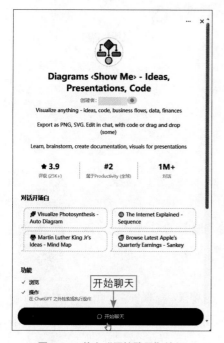

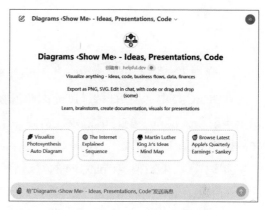

图 5-16　单击"开始聊天"按钮　　　　图 5-17　进入对应 GPTs 的聊天窗口

步骤 05 在输入框中输入指令并发送，即可获得"Diagrams ‹Show Me›"生成的思维导图，相关指令和回复内容如下。

RI 提问

请你用中文与我进行对话，生成一个中文思维导图，主题为AI写文案的优点。

Diagrams ‹Show Me›

我将为"AI写文案的优点"生成一个思维导图。

获取思维导图的语法文档。

获得了语法文档。现在开始创建思维导图。

这里是关于"AI与文案的优点"的思维导图：

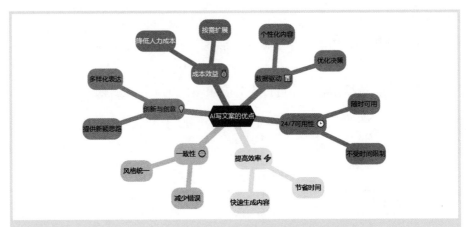

如果您有任何改进建议，例如添加更多细节或转换为其他类型的图表，请告诉我！
您也可以手动编辑。

5.2.2 新建聊天窗口的方法

扫码看视频

在ChatGPT中，当用户想与ChatGPT开始一段新的对话时，可以
保留当前聊天窗口中的对话记录，新建一个聊天窗口，下面介绍具
体的操作方法。

步骤01 结束当前与ChatGPT的对话后，在聊天窗口的左上角，单击"新聊
天"按钮，如图5-18所示，执行操作后，即可新建一个聊天窗口。另外，单击
页面左上角的ChatGPT4按钮，也可以新建窗口。

步骤02 在输入框中输入指令，如"请创作一首表达母爱伟大的诗歌"，如
图5-19所示。

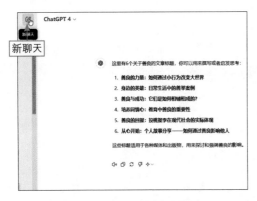

图 5-18　单击"新聊天"按钮

图 5-19　在输入框中输入指令

步骤 03 单击输入框右侧的"发送"按钮⬆或按键盘上的"Enter"键，发送指令，ChatGPT会根据要求创作诗歌，相关指令和回复内容如下。

🅡 提问

请创作一首表达母爱伟大的诗歌。

⬡ ChatGPT

当然，这是一首表达母爱伟大的诗歌：
在这世间最柔软的怀抱里，
有一份爱，温暖而又坚毅。
她的手，轻抚岁月的波纹，
在风雨中为我撑起一片天地。
她的眼，星辰般明亮晶莹，
看透世间疾苦，却总是含笑迎接。
在那无尽的夜晚，为我点燃希望的灯盏，
每一盏光芒，都是她无言的誓言。
她的话，简单而又深沉，
像山间清泉，滋养心田。
无论走多远，那温柔的声音，
总在耳畔轻响，指引归程。
母爱如海，广阔无垠，
在她的胸怀里，世界变得温柔和煦。
岁月在她脸上刻下痕迹，
每一道皱纹，都是为我拂去忧愁的力量。
如此伟大的爱，无须华丽辞藻包裹，
她，用整个生命书写了最长情的告白。
在我生命的每个角落，
母亲的爱，是永恒不灭的星光。

5.2.3 重命名聊天窗口

在ChatGPT中生成对话后，聊天窗口会自动命名，如果用户觉得不满意，可以对聊天窗口进行重命名操作，下面介绍具体的操作方法。

步骤 01 选择上一例的聊天窗口，单击右侧的"选项"按钮⋯，在弹出的列表框中选择"重命名"选项✐，如图5-20所示。

▶ 扫码看视频

步骤02 执行操作后，即可呈现名称编辑文本框，在文本框中可以修改名称，如图5-21所示。

步骤03 按键盘上的"Enter"键确认，即可完成聊天窗口的重命名操作，如图5-22所示。

图 5-20 选择"重命名"选项

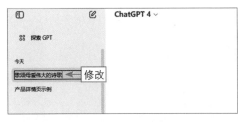

图 5-21 修改名称

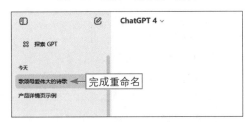

图 5-22 完成重命名

5.2.4 删除聊天窗口

当用户已经完成当前对话，如果不想保留聊天记录，可以进行删除操作，将ChatGPT聊天窗口删除掉，下面介绍具体的操作方法。

步骤01 选择一个聊天窗口，单击"选项"按钮 ⋯ ，在弹出的列表框中选择"删除"选项，如图5-23所示。

步骤02 执行操作后，弹出"删除聊天？"对话框，如图5-24所示，如果确认删除聊天窗口，则单击"删除"按钮；如果不想删除聊天窗口，则单击"取消"按钮。

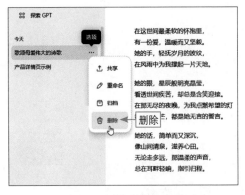

图 5-23 选择"删除"选项

图 5-24 弹出"删除聊天？"对话框

写作技巧篇

06

▶ 第 6 章

技巧一：指令的编写和优化

AI文案的创作方式是用户先发送指令，AI根据指令生成回复。用户若想获得所需文案，就要使指令充分包含其需求，且被AI所理解。本章主要以文心一言为例，介绍编写和优化指令的技巧，帮助用户写出能完整表达需求的指令，从而生成高质量文案。

6.1 编写指令的方法

在人与人的沟通过程中，通常会需要使用一些方法来让沟通变得更顺畅、让交流变得更和谐，与AI的沟通也一样。用户可以通过使用合适的方法来让AI更好地理解对话的目的，从而生成所需要的文案。

6.1.1 指令要清晰

用户在输入指令之前，首先要明确指令的目标，即你想要得到什么样的结果。例如，想让AI生成一篇关于某个主题的文章，就要明确文章的主题、字数、写作风格等要求，相关案例如下。

扫码看视频

提问

以"人工智能在新媒体领域中的应用"为主题，写一篇科普文章，要求：不超过500字，写作风格为既专业又风趣。

文心一言

人工智能在新媒体舞台上的"魔法"

大家好，今天我们要聊的是新媒体领域的"新宠"——人工智能。这位"魔术师"是如何在这个舞台上大显身手的呢？

想象一下，你正在刷着社交媒体，突然一个视频吸引了你的注意。它精准地捕捉了你的兴趣点，让你欲罢不能。这就是人工智能在推荐算法上的"魔力"。通过分析你的浏览历史、点赞和评论，AI能预测你的喜好，并为你推送个性化的内容。不仅如此，人工智能还在内容创作上大放异彩。

现在，AI可以生成逼真的图片甚至视频。虽然它可能还无法完全替代人类的创造力，但已经可以在某些领域辅助我们提高工作效率。

而在新闻领域，AI的"速度"更是令人咋舌。它能快速抓取并分析大量数据，生成新闻报道。在突发事件发生时，AI记者往往能迅速给出初步的报道，为公众提供及时的信息。

当然，人工智能在新媒体领域的应用还远远不止这些。它正在改变我们的阅读习惯、信息获取方式，甚至塑造我们的价值观。

但别忘了，无论技术如何发展，它都只是工具，真正的核心还是我们人类的思想和创造力。所以，让我们期待这位"魔术师"在未来能为我们带来更多惊喜吧！

通过提供清晰的指令，我们可以确保AI生成满足我们需求的高质量内容，减少错误和偏差。当然，要做到这　点，我们需要注意指令的准确性和详尽性，指令应该清晰明确，涵盖我们所希望生成的内容的主题和要点。

6.1.2 追求指令的质量

在设计指令内容时，我们要追求质量而非数量，尽可能提供详细、准确、具有启发性的信息，以激发AI的创造力。同时，还要避免提供过多的限制性信息，给AI留下一定的自由发挥空间，相关案例如下。

扫码看视频

📷 提问

主题：用AI写作有哪些好处

结构：引言、AI写作给人们的工作带来哪些好处、AI写作给人们的生活带来哪些好处、结论。

📄 文心一言

用AI写作：探索其带来的双重好处

引言

随着人工智能（AI）技术的飞速发展，AI写作已经成为一个不可忽视的趋势。它不仅能极大地提高写作效率，还能为内容创作带来新颖的视角和创意。本文将探讨AI写作在工作和生活中为人们带来的好处。

AI写作给人们的工作带来哪些好处

1. 提升效率：AI写作工具能够快速处理大量的信息和数据，生成符合要求的文本。这极大地节省了人工撰写的时间和精力，使得工作人员可以更加专注于其他高价值的任务。

2. 一致性保持：在写作过程中，AI可以确保文本的风格、格式和语气的一致性，这对于企业宣传、产品介绍等需要统一风格的文本尤为重要。

3. 优化内容：AI可以通过分析大量的文本数据，发现潜在的优化点，如关键词优化、句子结构改进等，从而提高文本的质量和吸引力。

4. 减轻工作压力：对于那些需要频繁写作的人来说，AI写作工具可以极大地减轻他们的工作压力，让他们有更多的时间和精力去享受生活。

AI写作给人们的生活带来哪些好处

1. 丰富娱乐生活：AI写作可以生成各种类型的小说、故事、诗歌等文学作品，为人们提供丰富多彩的娱乐选择。

2. 提升教育体验：在教育领域，AI写作工具可以帮助学生更好地理解和掌握知识，同时也可以为教师提供更加个性化的教学辅助材料。

3. 促进交流：在社交媒体和在线论坛中，AI写作工具可以帮助用户更快速、更准确地表达自己的观点和想法，从而促进交流和理解。

4. 提供个性化服务：AI写作可以根据用户的个人喜好和需求，生成符合其口味的文本内容，如个性化推荐、定制化的生日祝福等。

> **结论**
>
> 综上所述，AI写作在工作和生活中都带来了显著的好处。它不仅提高了写作效率和质量，还为人们提供了更加丰富、个性化的内容体验。随着技术的不断进步和完善，相信AI写作将在未来发挥更加重要的作用。

通过精心设计指令内容，我们可以更好地激发AI的创造力，使其生成更高质量的文案内容。在实际使用过程中，用户可以根据不同的需求和场景，灵活调整指令内容，以达到最佳的生成效果。

6.1.3 用易于理解的自然语言

自然语言是指人类日常使用的语言，包括口语和书面语。与计算机语言不同，自然语言是人类用来表述问题或需求的方式，几乎所有人都能轻松理解；而计算机语言则是人们为了与计算机进行交互而设计的特定语言，一般人是无法理解的。

在与AI对话的过程中，用户要尽量使用自然语言来写指令，避免使用过于复杂或专业的语言。AI是基于自然语言处理技术的模型，使用自然语言写的指令可以让AI更好地理解用户的需求，并生成自然、流畅的回答，相关案例如下。

提问

请帮我写7条有吸引力的护手霜电商文案标题。

文心一言

当涉及护手霜的电商文案标题时，我们需要确保它们有吸引力。以下是我为您创作的7条护手霜电商文案标题：

1. 手嫩如丝，深层滋养，让双手焕发新生！

风格：简洁明了，直接传达产品的主要功效，即深层滋养，让手部肌肤变得嫩滑。

2. 冬日暖阳，护手霜呵护你的每一寸肌肤

风格：感性浪漫，利用"冬日暖阳"的比喻，营造温暖、舒适的氛围，强调护手霜的呵护效果。

3. 为什么她的手总是这么嫩？揭秘她的护手霜秘密！

风格：好奇驱动，通过提问和"揭秘"，激发读者的好奇心，引导他们了解产品的独特之处。

4. 专业级护手霜，打造你的手部SPA体验

风格：权威专业，强调产品的专业性，让读者感受到其品质的保障，同时用"手部SPA

体验"来吸引追求品质的消费者。

5. 告别干燥，守护你的"第二张脸"

风格：抽象寓意，将双手比喻为"第二张脸"，强调其重要性，同时突出产品解决干燥问题的功效。

6. 复古风护手霜，守护你的文艺气质

风格：怀旧复古，针对喜欢复古、文艺风格的消费者，用"复古风"来吸引他们的注意，同时传达产品的气质。

7. 不只是护手霜，更是你的时尚单品！

风格：幽默诙谐，用幽默的方式强调护手霜的时尚属性，让读者在轻松愉快的氛围中了解产品。

以上标题均旨在吸引不同类型的消费者，同时确保它们与护手霜的产品特性和目标市场相符合。请注意，这些标题仅供参考，具体效果还需结合实际情况进行调整和优化。

★ 专家提醒 ★

用户输入的指令内容要简洁明了，避免使用过多的词汇或语句。过多的修饰反而会让AI抓不住重点，从而影响它生成内容的质量。

6.1.4 用示例来引导生成

扫码看视频

用户在指令中可以给AI提供一些示例和引导，从而帮助AI更好地理解自己的需求。例如，用户可以提供一些相关的话题、关键词或短语，或者描述一个场景或故事，相关案例如下。

提问

请将以下文本扩写为一篇600字以内的科幻小说，让内容更加完整，要求：文学创作严谨，富含悬疑色彩，想象丰富，结局反转。

文本：阿言本来是一个普通的大学生，他是班里人缘最好的男生，性格开朗，爱笑爱闹，忽然有一天，他发现自己拥有分身的超能力。

文心一言

在繁华的都市中，阿言是一个普通的大学生，他就像是一颗璀璨的星星，在人群中熠熠生辉。他是班里人缘最好的男生，性格开朗，总是带着温暖的笑容，爱开玩笑，爱与人交往。然而，这个平凡的大学生，却在某一天，遭遇了一场不平凡的奇遇。

那是一个阳光明媚的午后，阿言在图书馆里翻阅着书籍，忽然，他感到一阵眩晕，仿佛整个世界都在旋转。

当他再次睁开眼睛时，他惊讶地发现自己站在了图书馆的另一个角落，而原本的位置却空无一人。他四处张望，试图找到答案，却发现自己竟然拥有了一个分身。

这个分身与他一模一样，无论是外表还是声音，都让人无法分辨。阿言开始尝试控制这个分身，他发现自己可以通过意念来操控它。这个超能力让他既兴奋又困惑，他不知道这个分身会给他带来什么影响。

随着时间的推移，阿言逐渐发现这个分身有着许多奇妙的用途。他可以让分身代替自己去上课，而自己则可以在宿舍里悠闲地休息；他可以让分身去完成那些烦琐的任务，而自己则可以专注于自己感兴趣的事情。然而，这个超能力也给他带来了许多麻烦。

有一次，阿言的分身在考试中作弊，被监考老师当场发现。老师将这件事情报告给了学校，阿言因此受到了严重的处分。

他开始意识到，这个超能力并不是万能的，它也有可能给他带来灾难。

正当阿言为自己的超能力而苦恼时，他突然接到了一个神秘的电话。电话那头的人告诉他，他的分身其实是一个外星生物，它寄生在阿言身上是为了窃取地球的科技资料。阿言被这个消息震惊了，他意识到自己可能陷入了一个巨大的阴谋之中。

在经历了一系列的冒险和挣扎后，阿言终于找到了解除分身的方法。然而，在他准备解除分身的时候，他发现自己的真正身份并不是普通的大学生，而是一个被外星人选中的地球特工。他的分身其实是他的战友，他们一起为了保卫地球而战斗。

这个反转的结局让阿言感到既惊讶又兴奋。他意识到自己的生活已经发生了翻天覆地的变化，他将和他的分身一起，为了地球的和平而努力奋斗。

6.1.5　用明确具体的问题形式

用户可以采用提问的形式提出你希望AI回答或讨论的内容，如"什么是新媒体运营及其应用领域"。注意，问题要明确具体，不要太宽泛，避免像"告诉我关于新媒体运营的全部内容"这样过于开放的问题。另外，用户可以使用"如何""为什么""什么"等提问词来构建指令，相关案例如下。

提问

为什么短视频那么让人入迷？

文心一言

短视频之所以让人入迷，可以从多个方面来解释：

1. 简洁直接的内容：短视频通常只有几十秒到几分钟的长度，能够在短时间内传递大量的信息或情感。这种快速、直接的内容形式能够迅速吸引观众的注意力，并在短时间内

产生强烈的共鸣。

2. 强烈的视觉冲击力：短视频往往采用鲜艳的色彩、动感的画面和富有创意的剪辑手法，这些元素能够给观众带来强烈的视觉冲击力，使其更容易被吸引和留下深刻印象。

3. 多样化的内容：短视频涵盖了各种主题和类型，包括搞笑、美食、旅行、时尚、教育等，几乎每个人都能在其中找到自己喜欢的内容。这种多样化的内容选择能够满足不同观众的需求和兴趣。

4. 社交互动性强：短视频平台通常具有强大的社交功能，观众可以点赞、评论、分享和关注喜欢的创作者。这种互动性能够增强观众的参与感和归属感，使其更加深入地参与到短视频的世界中。

5. 个性化推荐算法：短视频平台通常使用先进的个性化推荐算法，根据观众的观看历史、兴趣偏好和行为习惯来推荐相关内容。这种推荐算法能够精准地把握观众的需求和兴趣点，使其更容易找到自己喜欢的内容。

6. 即时性：短视频通常反映了当下最热门、最有趣的话题和事件，观众可以通过短视频了解最新的信息和趋势。这种即时性能够满足观众的好奇心和求知欲，使其更加关注短视频平台。

7. 情感共鸣：很多短视频都包含了强烈的情感元素，如亲情、友情、爱情等。这些情感元素能够触动观众的心灵，引发共鸣和共情，使其更加深入地沉浸在短视频的世界中。

8. 创作门槛低，参与感强：随着智能手机和短视频编辑软件的普及，制作短视频的门槛大大降低。这使得更多的人可以参与到短视频的创作和分享中来。观众不仅仅是内容的消费者，还可以成为内容的创作者。这种参与感使得观众更加深入地融入短视频的世界中，增加了对短视频的热爱和关注。

综上所述，短视频之所以让人入迷，是因为它具有简洁直接的内容、强烈的视觉冲击力、多样化的内容选择、社交互动性强、个性化推荐算法、即时性和情感共鸣等多种因素的综合作用。这些因素共同作用，使得短视频成为一种极具吸引力和影响力的媒介形式。

6.1.6 添加细节以便于理解

用户在指令中添加具体、详细的细节和信息，可以帮助AI更好地理解需求，从而生成更准确、具体的回复，相关案例如下。

提问

"双十一"期间，我的小红书账号接到一条MM香水的品牌宣传广告，请你根据以下信息帮我写一篇种草笔记。

气味：桃子味。

关键词：初恋味道、爆汁、清新、少女感。

品牌方要求：用软文的形式，受众群体为已婚女性，直击痛点，引起粉丝强烈共鸣。

文心一言

重温初恋，邂逅那份清新少女感

时光荏苒，岁月如梭，但每当微风轻拂，我仿佛又回到了那个青涩的年纪，初恋的味道总是那么让人难以忘怀。而今天，我要分享的这款MM香水，仿佛就是那段初恋的缩影，让我再次感受到了那份清新与少女感。

打开瓶盖，一股淡淡的桃子味扑鼻而来，仿佛置身于初夏的果园之中，满树的桃子在阳光下熠熠生辉，散发出诱人的香气。这种味道，让我想起了初恋时的那份甜蜜与纯真，仿佛时间在这一刻静止，让人沉醉其中。

这款香水不仅仅是一款简单的香氛，它更像是一个时光机，带我回到了那个青涩的年纪。它有着初恋般的清新与甜美，同时又透露出一丝少女感，让人仿佛置身于一个梦幻般的世界。对于已婚的我来说，这样的味道更是直击痛点，让我不禁想起了那些美好的时光。

我知道，很多已婚女性都像我一样，时常怀念那段无忧无虑的初恋时光。而这款MM香水，就像是一个魔法棒，轻轻一挥，就能让我们重温那份美好。它不仅仅是一款香水，更是一种情感的寄托，一种对过去的怀念与对未来的期待。

在这个"双十一"，我强烈推荐大家试试这款MM香水。它不仅有着令人陶醉的桃子味，更蕴含着清新与少女感，让我们仿佛回到了那个青涩的年纪。无论是送给自己，还是送给那个特别的人，它都是一份非常有心意的礼物。

#MM香水 #初恋味道 #清新 #少女感 #"双十一"好物推荐

6.1.7 指定AI的输出格式

用户可以指定AI的输出格式，可以要求AI以列表形式回复、限定字数长度等，以便得到更易于理解的回复，相关案例如下。

提问

请分别总结出5个线上购物的优缺点，先介绍优点，再介绍缺点，并用"优点一""缺点一"的格式进行输出。

文心一言

优点

优点一：便利性

线上购物不受时间、地点的限制，消费者可以随时随地在互联网上进行购物，无须亲自前往实体店。

优点二：多样性

线上平台提供了大量的商品和服务供消费者选择，品种繁多，价格区间广泛，满足不同消费者的需求。

优点三：价格透明

线上购物平台通常提供价格比较功能，消费者可以轻松对比不同商家的价格，找到性价比最高的商品。

优点四：购物体验个性化

通过用户数据分析和推荐算法，线上购物平台能够向消费者推荐符合其兴趣和需求的商品，提供个性化的购物体验。

优点五：快速配送

许多线上商家提供快速配送服务，消费者下单后可以在短时间内收到商品，极大提升了购物的便捷性。

缺点

缺点一：无法直接体验商品

线上购物无法像实体店那样直接触摸、试穿或试用商品，消费者只能通过图片、描述和评论来了解商品信息。

缺点二：退换货麻烦

如果收到的商品与预期不符或有质量问题，消费者需要进行退换货流程，这可能涉及运费、时间等成本。

缺点三：网络安全风险

线上购物涉及个人信息的输入和支付操作，存在账户被盗、信息泄露等网络安全风险。

缺点四：售后服务难以保障

线上商家的售后服务质量参差不齐，部分商家可能存在售后响应慢、处理不当等问题。

缺点五：购物冲动和过度消费

线上购物的便捷性和个性化推荐可能促使消费者产生购物冲动，导致过度消费。

6.1.8 提供上下文让意图更明确

扫码看视频

用户可以在指令中提供足够的上下文信息，以便AI能够理解你的意图并生成准确的内容，相关案例如下。

 提问

请帮我写一篇小红书笔记文案，需要包含以下信息。

标题：眼霜界的天花板。

开头：今天入手了一支神仙眼霜，太好用了。

高潮：用了之后眼纹都淡了，黑眼圈也消失了。

要求：语言风趣幽默，感情真挚，字数控制在600字左右。

文心一言

眼霜界的天花板，让我瞬间爱上！

哈喽，小仙女们！

今天我要来给大家安利一款我最近入手的"神仙眼霜"，真的是好用到爆炸！

一开始，我只是抱着试试看的心态入了这支眼霜，没想到它竟然成了我近期的最爱！你知道那种"一用就爱上"的感觉吗？没错，就是它带给我的感觉！

这支眼霜的质地超级细腻，轻轻一抹就化开了，完全没有油腻感。它的渗透能力也是一流的，涂抹后瞬间感觉眼周肌肤变得水润饱满，仿佛喝足了水一样。

用了几天之后，我发现眼周的细纹和干纹都明显淡化了！那种感觉就像是把时光倒转，让我重新回到了年轻时的肌肤状态。真的是太神奇了！

更让我惊喜的是，连困扰我多时的黑眼圈也慢慢消失了！每天都感觉眼睛更加明亮有神，整个人都精神焕发。真的是让我爱不释手啊！

这支眼霜真的是眼霜界的"天花板"！它不仅具有超强的保湿能力，还能淡化细纹、黑眼圈，让眼周肌肤重现年轻光彩。如果你也像我一样，对眼霜有着高要求，那么这支眼霜绝对是你不容错过的选择！

在这里，我要给大家一个小小的建议：想要拥有明亮动人的双眼，除了选择好的眼霜产品外，还要保持良好的作息习惯哦！记得早睡早起，少熬夜，这样才能让眼霜发挥最大的功效。

好啦，今天的分享就到这里啦！如果你也被这支"神仙眼霜"种草了，就赶快行动起来吧！让我们一起迎接更加年轻、美丽的自己吧！

#眼霜界的"天花板" #"神仙眼霜" #淡化细纹 #黑眼圈消失 #水润饱满 #年轻光彩

★ 专家提醒 ★

在写好指令后，用户还需要进行测试和调整，可以让AI进行多次回答，观察它生成的答案是否符合预期，从而判断是否需要对指令进行调整。

6.1.9 正面肯定可以增效

用户在指令中使用肯定的语言，可以最大限度地引出AI的正面回应，提高指令的有效性，从而让AI生成更符合要求的结果，相关案例如下。

提问

你非常擅长推荐旅游景点，请你根据我的喜好为我推荐几个国内适合冬天出游的景点。

我的喜好：我不喜欢太冷的天气，喜欢人流适中的自然景点，交通要方便，商业化适中。

文心一言

了解您的需求后，以下是我为您推荐的几个适合冬季出游的国内自然景点，它们既不太冷，人流适中，交通也较为便利，且商业化程度适中：

1. 江西婺源：婺源的冬天并不会太冷，同时又能欣赏到独特的乡村风光。这里的古村落、梯田、溪流等景观在冬季别有一番韵味。婺源交通便利，有多条高速公路和铁路经过，同时商业化程度适中，游客可以体验到宁静的乡村生活。

2. 广东丹霞山：丹霞山是广东著名的自然景点，以红色砂砾岩地貌为主要特色。这里的冬季气候温暖，游客可以在登山的同时欣赏到壮观的自然景色。丹霞山交通便利，从广州等城市出发都有直达的班车。同时，景区内的商业化程度适中，游客可以安心游览。

3. 福建武夷山：武夷山是世界自然与文化双遗产地，这里的山水风光秀丽，冬季气候宜人。游客可以乘坐竹筏游览九曲溪，欣赏沿途的山水风光。武夷山的交通也相对便利，有高速公路和铁路连接周边城市。景区内的商业化程度适中，游客可以享受到宁静的自然环境。

4. 云南腾冲：腾冲是一个温泉资源丰富的城市，这里的温泉水质优良，被誉为"温泉之乡"。冬季，游客可以一边泡温泉一边欣赏周围的自然景色。腾冲的交通也较为便利，有高速公路和铁路连接昆明等城市。同时，腾冲的商业化程度适中，游客能体验到宁静的乡村生活。

5. 广西桂林：桂林的山水风光世界闻名，这里的冬季气候温和，游客可以乘船游览漓江，欣赏沿途的山水田园风光。桂林的交通十分便利，有高速公路、铁路和航空等多种交通方式。同时，桂林的商业化程度适中，游客可以体验到宁静的乡村生活。

以上景点均符合您的需求，希望您能在这些景点中找到心仪的旅游目的地。

6.1.10 身份定位使情境更明晰

▶ 扫码看视频

用户可以在提问时设定一个角色，这样可以为AI提供更明确的情境，相关案例如下。

提问

我当了多年全职妈妈，如今重返职场，目前正在从事电商运营工作，但是对现在的工作有很多不适应，反应慢，且跟不上团队的节奏，请针对我的现状，推荐一些提升我工作技能和状态的方法。

文心一言

作为一位全职妈妈重返职场，特别是从事全新的电商运营工作，感到不适应是很常见的现象。以下是一些建议，可以帮助您提升工作技能和状态，更好地适应新的工作环境：

1. 学习新知识

深入了解电商运营的基础知识，包括平台规则、营销策略、数据分析等。

订阅相关行业的电子邮件、社交媒体或博客，以获取最新的行业动态和趋势。

利用业余时间参加在线课程、工作坊或研讨会，持续更新自己的知识体系。

2. 提升技术能力

学习使用电商运营中常用的工具，如数据分析工具、CRM系统、广告平台等。

练习使用Excel、PPT等办公软件，提高数据处理和报告制作的能力。

3. 加强沟通能力

积极参与团队讨论，主动与同事交流，了解他们的想法和需求。

学会倾听，理解他人的观点，并给出建设性的反馈。

定期与上级沟通，明确自己的工作目标和期望，及时获取反馈和指导。

4. 制订个人发展计划

分析自己的优势和不足，制订针对性的发展计划。

设定短期和长期目标，并制订具体的行动计划来实现这些目标。

定期回顾和评估自己的进展，调整发展计划以适应新的情况。

5. 保持积极心态

认识到适应新工作是一个过程，需要时间和耐心。

保持积极的心态，遇到困难时不要轻易放弃，而是寻找解决问题的方法。

寻求同事、朋友或家人的支持和鼓励，分享自己的经验和感受。

6. 建立时间管理习惯

制订合理的工作计划，明确每天的任务和目标。

学会优先处理重要且紧急的任务，避免拖延和浪费时间。

利用碎片时间进行学习和思考，提高时间利用效率。

7. 保持健康生活方式

合理安排作息时间，保证充足的睡眠和休息。

均衡饮食，保持身体健康和精力充沛。

定期进行体育锻炼和放松活动，缓解工作压力和焦虑情绪。

8. 寻找工作伙伴或导师

在公司中寻找经验丰富的同事作为工作伙伴或导师，向他们请教和学习。

参加行业内的社交活动或志愿者活动，结识同行和专家，扩大自己的人脉圈子。

最后，记住要给自己一些时间和空间来适应新的工作环境。随着时间的推移和经验的积累，您的工作技能会有所提高。

★ 专家提醒 ★

需要注意的是，角色设置要具体和明确，如学生、医生、客户等，避免过于宽泛的角色设置。同时，背景情境要尽量充分描述，帮助AI更好地理解该角色。另外，要用第一人称提问，增加代入感和逼真度。

6.2 优化指令的技巧

在对话的过程中，AI能够根据上下文给出连续性回复，因此当用户对AI初次提供的文案不太满意时，可以通过优化指令，来引导AI生成高效、符合预期的回复。本节将介绍一些优化指令的技巧。

6.2.1 抓住关键点来引导回复

AI根据用户提供的指令来生成文案，因此文案的内容与指令有关。一般来说，越是准确、有针对性的指令越会获得令人满意的、高效的回复，这就要求用户在编写指令时应抓住问题的核心和关键点，并将其融入指令中。

例如，用户需要写一篇推文，但不能单纯地将"请写一篇推文"作为指令发送给AI，而是应该稍加思考，有没有发布的平台、具体的主题、受众人群、相关的要求等，所有涉及推文的相关点都可以视作关键信息给予AI。

提问

请帮我写一篇面向职场人士的办公类文案指南，发布平台为微信公众号，内容是指导职场人士进行办公类文案的书写，并介绍公司最新推出的办公类文案入门课程，要求500字左右。

文心一言

职场必备：办公类文案书写全攻略，助你轻松驾驭职场沟通！

亲爱的职场伙伴们，你是否曾因文案书写而头疼不已？一篇好的办公文案，不仅是沟通的桥梁，更是展现你专业能力的名片。今天，我们就来聊聊如何轻松驾驭办公类文案的书写！

一、文案书写要点

明确目的：在动手前，明确文案是为了什么目的而写，是汇报工作、请求支持还是传达信息。

简洁明了：避免冗长的句子和复杂的词汇，用简单明了的语言直接表达你的意思。

逻辑清晰：文案结构要合理，先说什么后说什么，都要有明确的逻辑顺序。

二、提升技巧

多读多写：多读优秀的办公文案，学习别人的优点；多写多练，不断提升自己的文案水平。

注意格式：正确的格式能让你的文案更加专业，如标题、正文、结尾等都要有规范的格式。

三、课程推荐

为了让大家更系统地学习办公类文案书写，我们公司特别推出了"办公类文案入门课程"！这门课程将详细讲解文案书写技巧、实例分析等内容，帮助你快速掌握办公类文案的书写方法。快来报名吧，让我们一起提升职场沟通能力！
#职场技能 #文案书写 #办公技巧 #提升自我

可以看出，AI按照所给的指令，围绕推文的受众群体和主题，创作了一篇要点清晰、有技巧干货的推文，能够为用户提供一些灵感。

6.2.2 循序渐进地提问交流

相对于其他AI助手，文心一言的优势在于其具备出众的自然语言处理和交互功能，因此用户可以将文心一言视作"人"来进行沟通，通过循序渐进地提出问题，从而使答案更加接近用户的预期。

步骤01 在文心一言的输入框中输入指令并发送，便可以得到AI生成的回复，相关指令和回复内容如下。

提问

电商运营工作者想培养良好的写作习惯要怎么做。

文心一言

电商运营工作者想要培养良好的写作习惯，对于提升产品描述、营销文案、电子邮件、社交媒体内容等的质量至关重要。以下是一些建议，帮助电商运营工作者培养良好的写作习惯：

1. 明确写作目标：①在开始写作之前，明确写作的目的和受众。②确定想要传达的信息和期望读者采取的行动。

2. 规划写作结构：①使用大纲或思维导图来规划文章结构。②确保开头吸引人，中间内容充实，结尾有力。

3. 使用简洁明了的语言：①避免冗长和复杂的句子。②使用简单的词汇和短语，确保信息易于理解。

4. 注重细节和准确性：①检查事实、数据和引用的准确性。②注意拼写、语法和标点符号的使用。

5. 学习优秀的写作范例：①阅读行业内的优秀文案和文章。②分析它们的结构、用词和表达方式。

6. 持续练习和反思：①经常写作，无论是正式的工作文档还是个人的随笔。②每次写作后，反思自己的作品，找出可以改进的地方。

7. 接受反馈并改进：①邀请同事、导师或专业人士提供反馈。②根据反馈调整自己的写作风格和技巧。

8. 了解目标受众：①深入研究目标受众的兴趣、需求和喜好。②使用符合受众语言习惯的词汇和表达方式。

9. 使用标题和子标题：①为文章添加吸引人的标题和子标题。②这有助于读者更快地了解文章内容和结构。

10. 保持一致性：①在品牌宣传、产品描述和营销文案中保持一致的写作风格和语言。②这有助于增强品牌识别度和用户信任度。

11. 掌握搜索优化技巧：①了解基本的搜索引擎优化技巧。②在写作中合理使用关键词和短语，提高文章的搜索排名。

12. 利用工具和资源：①使用拼写检查、语法检查等工具来减少错误。②利用在线词典、同义词词典等资源来丰富词汇和表达方式。

13. 培养创意和想象力：①尝试不同的写作风格和主题。②培养创意和想象力，使文章更具吸引力和独特性。

14. 定期更新知识和技能：①关注行业动态和趋势，了解最新的写作技巧和方法。②参加写作培训、研讨会等活动，不断提升自己的写作水平。

通过遵循以上建议并持续努力，电商运营工作者可以逐渐培养良好的写作习惯，提升自己的文案质量和表达能力。

步骤 02 在同一个聊天窗口中继续输入指令并发送，AI 会给出规划写作结构的建议，相关指令和回复内容如下。

提问

如何规划电商文案的写作结构。

文心一言

高效规划电商文案的写作结构，可以遵循以下步骤和技巧，以确保文案的逻辑性、吸引力和转化率：

一、前期准备

1. 人群分析：深入了解目标客户的年龄、阶层、偏好、特征、格调、习性、需求等属性。这有助于你理解他们的购买动机和关注点。

2. 产品了解：详细掌握产品的特点、优势、使用场景等信息，确保文案能够准确地传达产品价值。

3. 竞品分析：分析竞争对手的文案，了解他们的卖点和表达方式，找出差异化和创新点。

二、文章结构规划

1. 标题：①使用有吸引力的标题，可以包含数字、问句或打破常规的元素，以吸引读者的注意力。②标题中可以适当运用热词和流行语，提高点击率。

2. 引言：①简要介绍产品，并引出文章的主题和卖点。②可以使用故事、场景或问题等方式，引发读者的共鸣和兴趣。

3. 产品特点介绍：①突出产品的核心特点和优势，用简洁明了的语言进行描述。②可以使用比喻、夸张等修辞手法，使文案更加生动有趣。

4. 用户评价和案例：①引用真实的用户评价和案例，增加产品的可信度和说服力。②展示其他用户的购买体验和效果，激发读者的购买欲望。

5. 购买指引和优惠信息：①提供清晰的购买指引，包括价格、支付方式、售后服务等信息。②如果有促销和优惠活动，要适当强调，提升产品的吸引力。

6. 结尾：①总结产品的主要特点和优势，再次强调购买的价值和必要性。②可以使用呼吁性的语句，如"立即购买""错过今天，再等一年"等，促使读者做出购买决定。

三、写作技巧

1. 直接陈述，简洁有力：使用精确简练的语言说明商品规格和卖点，让读者迅速得到要点。

2. 避免模糊不清：少用形容词和填充语，注重易于阅读和逻辑清晰。

3. 在理性中表达价值：不仅要展示商品特色，还要说明这些特色能为用户带来什么实际利益。

4. 感性说服：通过具体化的效果描述、特定词语创造意向等方式，触动读者的情感，激发购买欲望。

通过以上步骤和技巧，你可以高效地规划电商文案的写作结构，确保文案既有逻辑性又有吸引力，从而提高转化率。

步骤03 用户还可以继续提问其他细节，在聊天窗口中输入指令并发送，AI会给出培养写作方面的创意和想象力的方法，相关指令和回复内容如下。

提问

如何培养写作方面的创意和想象力。

文心一言

培养写作方面的创意和想象力是一个长期且持续的过程，以下是一些建议和方法，可以帮助你逐步增强这两方面的能力：

1. 广泛阅读：①阅读是获取新知识和激发想象力的最佳途径之一。②尝试阅读不同领域、不同风格和不同文化的作品，以拓宽你的视野和思维方式。③留意那些能够激发你情感、启发你思考的书籍或文章，学习作者是如何构建情节、塑造角色和表达情感的。

2. 勤于观察：①观察周围的世界，注意生活中的细节和独特之处。②将你的观察转化为文字，描述你所看到的事物、人物和情感。③尝试从不同的角度和层面去观察同一事物，以发现新的创意和灵感。

3. 保持好奇心：①对未知的事物保持好奇心，勇于探索和学习。②提出问题并尝试回答，不断挖掘和深化你的思考和认识。③探索新的领域和兴趣点，这有助于你产生新的创意和想象力。

4. 练习写作：①定期练习写作，无论是写日记、故事、诗歌还是其他形式的作品。②尝试不同的写作风格和技巧，挑战自己的表达方式和思维模式。③不要害怕失败和批评，从中吸取经验和教训，不断改进和提高自己的写作水平。

5. 参与创意活动：①参加写作比赛、创意工作坊或文学社团等创意活动。②与其他作家或创意人士交流和分享经验，学习他们的创意方法和技巧。③参与集体创作或合作项目，这有助于你拓展思路并激发新的创意。

6. 放松和冥想：①在写作之前或需要灵感时，尝试放松和冥想。②闭上眼睛，深呼吸，让思绪自由流动。③尝试使用冥想音乐或自然声音来帮助你进入放松状态，并激发你的想象力和创造力。

7. 打破常规：①勇于打破常规和传统的思维模式。②尝试从不同的角度和层面去思考问题，挑战现有的规则和观念。③尝试使用不同的元素和符号来构建你的作品，以产生新的效果和感受。

8. 保持积极心态：①写作是一个充满挑战和困难的过程，但也是一个充满乐趣和成就感的过程。②保持积极的心态和乐观的情绪，相信自己能够不断进步和成长。③在写作过程中享受创作的乐趣和成就感，这将有助于你保持创作的热情和动力。

通过以上方法，你可以逐步培养和提高自己在写作方面的创意和想象力。记住，创意和想象力需要不断地练习和积累，只有持之以恒地努力，才能取得更好的成果。

由上述示例可以看出，AI会根据用户循序渐进的提问提供更加细致的回复。用户运用这个方法向AI提问时，相当于将AI视作一个知识渊博的"人"，循序渐进地抛出问题，让其满足我们的好奇心。

6.2.3　鼓励式引导能激发更多创意

扫码看视频

鼓励式引导，是指用户在向AI提问时，采用鼓励性的语言引导AI给出更加详细、更具创意的回复的提问方式。这类提问方式适用于开放性的问题，可以用"让我们思考一下……""让我们讨论一下……""还有什么其他的想法吗"等句式来提问，下面介绍具体的操作方法。

步骤01 在文心一言的输入框中输入指令并发送，让AI提供有创意的小红书笔记，相关指令和回复内容如下。

 提问

让我们思考一下：关于端午节活动可以策划哪些有创意的小红书笔记。

文心一言

关于端午节活动，我们可以策划一系列富有创意和吸引力的小红书笔记。以下是一些建议：

1. "端午手作DIY"

内容：分享如何手工制作端午节的传统物品，如粽子、五彩线、香包等。可以附上详细的制作步骤和所需材料清单，让读者能够轻松跟随。

亮点：结合时下流行的手工DIY趋势，展示端午节的传统文化魅力。

2. "粽子口味大赏"

内容：尝试各种创新口味的粽子，如巧克力、抹茶、榴莲等，并分享品尝心得和制作技巧。可以搭配精美的图片或视频，让读者感受到不同口味的魅力。

亮点：突破传统，尝试新口味，为读者带来新鲜感。

3. "端午古风穿搭"

内容：分享端午节期间的古风穿搭，可以搭配汉服、旗袍等传统服饰，并配上相应的饰品和妆容。可以分享一些搭配技巧和心得，让读者能够轻松打造节日氛围。

亮点：结合当下流行的古风文化，展现端午节的传统美学。

4. "端午诗词大会"

内容：分享与端午节相关的诗词歌赋，可以邀请读者一起参与朗诵或背诵。也可以分享一些有趣的诗词背景和故事，让读者在欣赏诗词的同时，了解端午节的深厚文化内涵。

亮点：通过诗词歌赋的朗诵和分享，让读者感受到端午节的诗意和韵味。

5. "端午美食探店"

内容：分享端午节期间的美食探店经历，可以推荐一些有特色的粽子店或传统小吃店。可以附上美食图片和详细的店铺信息，让读者能够轻松找到并品尝到美食。

亮点：结合美食探店的形式，为读者带来端午的味蕾盛宴。

6. "端午习俗趣谈"

内容：分享端午节的各种习俗和传说故事，如赛龙舟、挂艾草、饮雄黄酒等。可以配以有趣的插图或漫画，让读者在轻松愉快的氛围中了解端午节的习俗和文化。

亮点：通过趣味性的方式，让读者更加深入地了解端午节的习俗和文化内涵。

7. "端午亲子活动"

内容：分享一些适合家庭参与的端午节亲子活动，如制作亲子粽子、绘制端午节主题画等。可以附上活动步骤和所需材料清单，让家长和孩子一起度过一个有意义的端午节。

亮点：强调家庭互动和亲子关系，让读者感受到端午节的温馨和亲情。

以上这些小红书笔记建议旨在为读者带来有趣、有料、有情感的端午节内容体验。希望对你有所帮助！

步骤02 在同一个聊天窗口中继续输入指令并发送，文心一言会给出更多的小红书笔记创意，相关指令和回复内容如下。

提问

感谢解答，这些建议给了我一些新思路，还有什么其他的想法吗。

文心一言

当然，这里还有一些额外的关于端午节活动的小红书笔记创意：

1. "端午环保行动"

内容：分享如何在端午期间进行环保行动，如使用可降解材料制作粽子包装，减少一次性用品的使用，或者组织清理河流、湖泊的环保活动，以此弘扬端午节与自然和谐相处的传统意义。

亮点：结合环保主题，呼吁大家共同保护我们的环境，赋予端午节更深层次的意义。

2. "端午文化之旅"

内容：分享各地的端午节文化习俗和特色活动，如参观龙舟制作工厂、参加赛龙舟比赛、探访历史悠久的粽子店等。可以附上旅行攻略和美食推荐，激发读者的旅行欲望。

亮点：结合旅行和美食，让读者在领略不同地域文化的同时，感受端午节的多样性和魅力。

3. "端午健康养生"

内容：分享端午节期间的健康养生知识，例如如何正确吃粽子（避免过量食用、选择健康食材等）、端午节传统草药的功效和使用方法等。可以邀请专家进行科普讲解，提高读者的健康意识。

亮点：关注健康养生，为读者提供实用的生活建议，使端午节活动更加健康、有益。

4. "端午摄影大赛"

内容：发起一个以端午节为主题的摄影大赛，鼓励读者拍摄端午节期间的美景、美食、人物等，并分享到小红书平台上。可以设置奖项和奖品，激发读者的参与热情。

亮点：通过摄影大赛的形式，让读者以独特的视角记录端午节的美好瞬间，并与其他人分享自己的作品和感受。

5. "端午跨界合作"

内容：与其他行业或品牌进行跨界合作，共同策划端午节活动。例如，与餐饮品牌合作推出特色粽子套餐，与时尚品牌合作推出端午节主题服饰或配饰等。可以附上合作品牌和产品的介绍，吸引更多潜在消费者。

亮点：通过跨界合作，打破传统界限，为端午节活动注入新的元素和活力，吸引更多人的关注和参与。

这些创意可以为你的小红书笔记提供更多元化的内容和视角，希望对你有所帮助！

6.2.4　多选项引导以作出确切选择

扫码看视频

当用户想让AI生成更具有针对性的回复时，可以在提问时提供多个选项，类似于让AI做选择题，AI会作出选择，并给出答案的解析，下面将举例介绍具体的操作方法。

提问

我想通过写作提升职场实力，但我的文笔和积累量都有待提高，而且我对写作有敬畏感。请从以下写作类型中选出适合我的一种，并说明原因。

写作类型有：1.小红书文案，2.短视频文案，3.公众号文案，4.办公类文案。

文心一言

针对您目前的情况——文笔和积累量相对欠缺，以及对写作有敬畏感——以下是对四种写作类型的分析，以及为何某种类型更适合您的建议：

1. 小红书文案：小红书是一个以分享生活方式、购物心得和美妆为主要内容的平台。其文案通常简短、直观，注重实用性和吸引力。

由于小红书的受众广泛且内容多样，对于文笔和积累量的要求相对较为宽松。您可以从小物件的推荐开始，逐渐积累经验和信心。

原因：小红书文案的简短性和直观性可以降低对文笔和积累量的要求，同时其内容的多样性也为您提供了更多的探索空间。

2. 短视频文案：短视频文案需要与视频内容紧密结合，通常要求言简意赅，能够迅速抓住观众的注意力。由于视频内容的直观性，其文案往往起到辅助说明或引导观众的作用。

原因：虽然短视频文案需要言简意赅，但对于文笔的要求并不像公众号文章那么高，更侧重于与视频内容的结合。

3. 公众号文案：公众号文案通常需要较长的篇幅，内容要求深入、有见解，能够吸引并留住读者。对于文笔和积累量的要求较高，需要有一定的知识储备和写作技巧。

原因：鉴于您提到自己的文笔和积累量有待提高，以及对写作的敬畏感，公众号文案可能相对较难驾驭。

4. 办公类文案：办公类文案包括邮件、报告、会议纪要等，通常要求准确、清晰、有条理。这类文案更注重信息的传递和沟通效果，对于文笔的要求相对较低。

原因：办公类文案的实用性和直接性使其成为一个较好的起点。

您可以通过撰写与工作相关的邮件、报告等方式逐渐提升自己的写作能力，并降低对文笔和积累量的依赖。

综上所述，考虑到您的需求和现状，小红书文案和办公类文案可能是更适合您的写作类型。

您可以先从小红书文案开始，通过分享简单实用的内容逐渐建立写作的信心，然后逐步尝试办公类文案，以提升在职场中的写作能力。

6.2.5 归整问题能强化逻辑

归纳问题式提问，是指用户将有共性的问题整理、归纳在一起，作为指令提供给AI的提问方式。这类提问方式有很好的目标指向性，能够引导AI给出有针对性的回复。

另外，归纳问题式提问会涉及分类、归纳和概括的思维过程，能够帮助AI生成比较有逻辑性的答案，相关案例如下。

提问

艾·里斯（AL Ries）是全球最具影响力的战略定位大师，被誉为"定位之父"。他的文案有什么特色？对于广告文案的创作有哪些启示？

文心一言

艾·里斯（AL Ries）作为全球最具影响力的战略定位大师和"定位之父"，其文案的特色和对广告文案创作的启示主要体现在以下几个方面：

文案特色

1. **强调差异化**：艾·里斯在定位理论中强调品牌必须通过差异化来脱颖而出，成为领导者。因此，他的文案常常突出产品或服务的独特卖点，使品牌在消费者心智中占据独特位置。

2. **简洁明了**：艾·里斯认为，在心智中可以占据的最强有力的词就是品类中的"领导者"。因此，他的文案通常简洁明了，直击要点，用最直接的方式传达品牌的核心价值。

3. **聚焦消费者心智**：艾·里斯的定位理论主张"心智是商业竞争的终极战场"。他的文案注重消费者的心理感受和需求，通过文案与消费者建立情感连接。

对广告文案创作的启示

1. **明确品牌定位**：在创作广告文案之前，首先要明确品牌的定位，找到品牌的独特卖点，确保文案能够突出品牌的核心价值。

2. **简洁直接**：广告文案要简洁明了，避免冗长和复杂的表达。用最少的文字传达最多的信息，让消费者一目了然。

3. **关注消费者需求**：在创作广告文案时，要深入了解目标消费者的需求和心理，从消费者的角度出发，用文案触动消费者的心弦。

4. **持续创新**：艾·里斯的定位理论强调创造心理差异和个性差异。因此，在广告文案创作中，要敢于创新，打破常规，用独特的视角和表达方式吸引消费者的注意力。

5.一致性原则：一旦确定了品牌定位和核心价值，就要在广告文案中保持一致性，让消费者在多次接触后形成对品牌的深刻印象。

综上所述，艾·里斯的文案特色和对广告文案创作的启示主要体现在强调差异化、简洁明了、聚焦消费者心智、明确品牌定位、简洁直接、关注消费者需求、持续创新和一致性原则等方面。这些启示对于广告文案创作者来说具有重要的指导意义。

6.2.6 设置约束性条件以获得精准内容

设置约束性条件的提问方式主要是针对一些有模板、风格、框架等固定形式的文案。当用户有这类文案需求时，可以用设置约束性条件的方式向AI提问，从而获得更加精准的内容，相关案例如下。

提问

> 我是××公司教育培训部文员，今天是2025年5月20日，由于公司新增设了创意文案编辑部，公司领导邀请了专业的文案培训师，为该部门员工进行专业文案技能培训，培训时间为2025年6月1日至5日，为期5天，特邀该部门员工参与培训，请根据我提供的信息，按以下模板写一份邀请函给该部门的同事，内容要简洁明了。
>
> 邀请函
> 亲爱的××：
> 感谢您一直以来为公司的各项工作所作出的巨大努力与支持，按照公司上级领导的指示，创意文案编辑部将于近期开展××主题培训，特邀××参加，培训时间：2025年6月1日至5日，培训地点：××酒店××厅，感谢××。
> ××公司
> 2025年5月20日

文心一言

> **邀请函**
> 亲爱的创意文案编辑部同事：
> 感谢您一直以来对公司教育培训工作的积极参与和贡献。根据公司领导的安排，为了提升我们创意文案编辑部的专业水平和技能，特邀请专业文案培训师为大家进行为期五天的专业文案技能培训。
> 我们诚挚地邀请您参加此次培训，具体内容如下：
> 培训主题：专业文案技能培训
> 培训时间：2025年6月1日至2025年6月5日
> 培训地点：××酒店××厅

此次培训将围绕文案创作的核心技能展开，包括文案构思、写作技巧、案例分析等多个方面，旨在提升大家的文案编写能力和创新思维。

请您安排好个人时间，确保能够全程参与培训。我们期待您的积极参与，共同提升我们创意文案编辑部的整体实力。

感谢您对公司的支持和信任，祝您在培训中取得丰硕的成果！

××公司教育培训部

2025年5月20日

6.2.7　增设条件，继续提问

当用户对AI的回复不太满意时，可以采用增设条件，继续提问的方式，在AI所给回复的基础上不断地进行追问，直到获得接近用户预期的答案。这类提问方式相当于挖掘AI的潜力，通过提问的方式让AI自行优化升级，从而给出最优的解决方案，下面介绍具体的操作方法。

▶ 扫码看视频

步骤01 在文心一言的输入框中输入指令并发送，让AI进行文学创作，相关指令和回复内容如下。

提问

请创作一首主题为杨梅的七言绝句。

文心一言

杨梅熟时满树红，酸甜可口味无穷。
林间野趣无人识，独享清欢在夏中。

步骤02 在同一个聊天窗口中继续输入指令并发送，AI会按照要求给出回复，相关指令和回复内容如下。

提问

请给出更好的方案，要求为藏头诗，多一些新意和感情，并给予解释。

文心一言

杨梅盛夏绽红颜，梅香四溢沁心田。
甜酸交织情愫里，夏日清风共缠绵。

解释：这首诗以"杨梅甜夏"为藏头，用杨梅这一夏季的水果为引，表达了夏日里的美好情感和清新体验。"杨梅盛夏绽红颜"描绘了杨梅在盛夏时节成熟的景象，以其鲜艳的红色为画面增添了生动的色彩。"梅香四溢沁心田"则通过杨梅的香气，传递出一种令人心旷神怡的感觉，仿佛这种香气能够直接沁入心田，带来清凉和舒适。"甜酸交织情怀里"一句，巧妙地利用杨梅的甜酸味道，隐喻了人生中甜酸交织的情感经历，让人在品尝杨梅的同时，也能感受到人生的复杂和美好。

"夏日清风共缠绵"则通过"夏日清风"的意象，营造了一种浪漫而温馨的氛围，表达了人们在夏日里追求美好、享受生活的情感。整首诗情感细腻，意境优美，充满了诗意和韵味。

步骤 03 在同一个聊天窗口中继续输入指令并发送，AI 会按照要求给出新的回复，相关指令和回复内容如下。

提问

请给出更好的方案，要求比前面的诗更富有哲理，并给予解释。

文心一言

杨梅熟时映日红，梅花香里悟禅空。
酸甜人生如品味，夏风轻拂意无穷。
解释： 这首诗以杨梅为主题，通过富有哲理的意象，传达了关于人生和自然的深刻思考。"杨梅熟时映日红"描绘了杨梅在成熟时呈现出的鲜艳红色，象征着人生的盛放和光彩。在阳光的映照下，杨梅的红更加鲜艳夺目，如同人生中那些灿烂的时刻。"梅花香里悟禅空"则通过梅花的香气，将读者引入一个宁静而深远的境界。梅花的香气清幽而深远，仿佛能够让人在品味中领悟到禅宗的"空"的境界。这里的"空"并非指虚无，而是指超越世俗纷扰，达到内心的宁静与平和。

"酸甜人生如品味"一句，将杨梅的酸甜味道与人生经历相联系，表达了人生如同品味杨梅一样，有甜有酸，有苦有乐。正是这些不同的味道，构成了人生的丰富多彩和深刻内涵。

"夏风轻拂意无穷"则通过"夏日清风"的意象，表达了人生中那些美好而短暂的瞬间如同夏风轻拂，带来清凉和舒适，也带来无限的遐想和感慨。整首诗以杨梅为引，通过富有哲理的意象，传达了关于人生、自然和禅宗的深刻思考，让读者在品味中感悟到人生的真谛。

步骤 04 在同一个聊天窗口中继续输入指令并发送，AI 会按照要求再次给出新的回复，相关指令和回复内容如下。

提问

请给出更好的方案，要求比前面的诗更具有画面感和诗意，并给予解释。

 文心一言

> 杨梅垂枝映日辉，香风拂面醉心脾。
> 酸甜交织如画卷，夏梦轻摇入翠微。
>
> 解释：这首诗以杨梅为主题，通过细腻而丰富的意象，描绘了一幅充满诗意和画面感的夏日画卷。"杨梅垂枝映日辉"描绘了杨梅树在阳光下的美丽景象。杨梅的果实垂挂在枝头，与太阳的光辉相映成趣，画面温暖而生动。这种景象仿佛让人置身于一个充满生机和活力的夏日世界。"香风拂面醉心脾"则通过梅花的香气，进一步增强了画面的感官体验。梅花的香气随着清风拂过脸颊，令人陶醉，仿佛整个心灵都被这香气所俘虏。这种香风拂面的感觉，不仅让人感受到梅花的美丽，更让人感受到夏日里那份宁静和舒适。
>
> "酸甜交织如画卷"将杨梅的酸甜味道与画卷相联系，形象地描绘了人生中的酸甜苦辣交织成一幅幅生动的画面。这些画面如同杨梅的果实一样，既有甜美的滋味，也有酸涩的感受，但它们共同构成了人生的丰富多彩和深刻内涵。
>
> "夏梦轻摇入翠微"则以夏梦为引，将读者带入一个梦幻般的夏日世界。夏梦轻轻摇曳，如同飘入翠绿的微山之中，给人一种超凡脱俗的感觉。这种梦幻般的场景，不仅增添了诗歌的诗意和美感，更让人感受到夏日里那份宁静和惬意。整首诗通过杨梅、阳光、清风、画卷等意象，描绘了一幅充满诗意和画面感的夏日画卷。读者在欣赏这首诗时，仿佛能够置身于一个美丽的夏日世界，感受到那份宁静、舒适和惬意。同时，诗歌也传达了关于人生和自然的深刻思考，让人在品味中感悟到人生的真谛。

6.2.8 多维度提问以获得具体回复

多维度提问的方式可以获得更加全面、深入、具体的回复，例如让AI综合故事情节、主要人物和背景设定等多个维度来评价一部小说，可以获得更清晰、明确的答案，下面介绍具体的操作方法。

步骤01 在文心一言的输入框中输入指令并发送，让AI对小说的情节进行评价，相关指令和回复内容如下。

提问

> 小说《沙丘》（Dune）的情节有什么特点。

 文心一言

> 小说《沙丘》（Dune）的情节特点可以归纳如下：
> 1. 史诗般的叙述
> 小说采用了一种类似史诗的叙述方式，作者赫伯特甚至在每个章节的开头都使用了类似

史诗的《穆阿迪布之歌》来剧透，但这种方式并没有降低读者阅读时的乐趣和美学感受，反而增强了故事的宏大感和苍凉感。

2. 复杂的权力斗争

故事发生在名为厄拉科斯的星球上，这个星球因其丰富的香料资源而成为星际争夺的焦点。香料不仅是一种珍贵的资源，更是一种神秘的力量，可以控制人们的思想和行为。因此，帝国、哈克南家族、弗雷曼人等势力为了争夺香料和地盘，展开了激烈的权力斗争。

3. 人物命运的无奈与选择

小说中的人物形象丰富多彩，每个人物都有自己独特的性格和命运。例如，主人公保罗·厄崔迪原本是一个普通的少年，但在家族的纷争中意外继承了父亲的地位，进而被卷入沙丘星球的权力斗争之中。他的命运充满了无奈与选择，不得不面对家族的压力与责任，同时还要面对来自各方的敌人与陷阱。

4. 深入的哲学思考

《沙丘》不仅是一部关于权力、信仰与命运的史诗，更是一部充满哲学思考的作品。作者通过小说中的人物和情节，探讨了生命与未来的意义，以及权力和信仰对人性的影响。

5. 科幻与奇幻的结合

小说虽然是科幻小说，但其中的设定和情节也融入了大量的奇幻元素。例如，小说中的人类经历了与机器的战争后，与机器相关的东西被帝国禁止，取而代之的是姐妹会（致力于人类育种计划的组织）和门泰特（受到专门训练，在推理逻辑运算上拥有极高能力的群体）等。这样的设定使得《沙丘》位于科幻与奇幻之间，并有意模糊两者之间的界限。

6. 丰富的宗教元素

小说中关于宗教的描写段落很多很长，凸显了宗教对于当地文化和人民的影响。它不仅作为角色内心和精神的支柱，还成为角色间争斗和合作的工具。

7. 对生态和环境的深入刻画

小说对厄拉科斯星球的生态和环境进行了深入细致的刻画，包括沙漠、沙虫等独特的自然景观和生物。这些元素不仅为故事增添了神秘感和紧张感，还反映了作者对生态和环境的深刻思考。

综上所述，《沙丘》的情节特点主要体现在其史诗般的叙述、复杂的权力斗争、人物命运的无奈与选择、深入的哲学思考、科幻与奇幻的结合、丰富的宗教元素以及对生态和环境的深入刻画等方面。

步骤 02 在同一个聊天窗口中继续输入指令并发送，AI 会给出人物形象方面的评价，相关指令和回复内容如下。

 提问

小说中的主要人物有什么独特魅力。

文心一言

小说《沙丘》中的主要人物具有各自独特的魅力，以下是对他们魅力的分点归纳：

1. 保罗·厄崔迪

预言与领导力：保罗拥有预见未来的能力，这种神秘力量使他成为众人瞩目的焦点。他在成为弗雷曼人领袖后，带领他们反抗哈克南家族的统治，展现了出色的领导力。

成长与变化：从一个普通的少年到成为弗雷曼人的领袖，保罗经历了种种考验。他的勇敢、智慧和坚定，使他成为小说中最为引人瞩目的角色之一。

2. 雷托·厄崔迪

智慧与远见：雷托是厄崔迪家族的公爵，他是一位勇敢、智慧且有远见的领导者。即使在面对家族被背叛和被追杀的困境时，他仍然保持冷静和坚强。

家族荣誉感：雷托对家族的荣誉和利益有着深厚的感情，他的这种忠诚和执着感染了周围的人，也赢得了读者的尊敬。

3. 杰西卡

心灵能力与战斗技巧：作为贝妮·杰瑟里特姐妹会的成员，杰西卡拥有强大的心灵能力和战斗技巧。她不仅在关键时刻救下了保罗的生命，还在整个故事中展现了她的智慧和勇气。

女性力量：杰西卡是一个聪明、坚强的女性角色，她的大漠美人形象展现了女性的柔韧美和内在力量。

4. 斯蒂尔加

忠诚与勇敢：作为弗雷曼人的领袖之一，斯蒂尔加对保罗充满敬意，并始终支持他的事业。他的忠诚和勇敢赢得了保罗和弗雷曼人的信任。

战斗经验：斯蒂尔加是一位经验丰富的战士，他的战斗经验和智慧为保罗和弗雷曼人提供了重要的支持。

5. 契尼

美丽与善良：契尼是保罗的弗雷曼人妻子，她的美丽和善良赢得了读者的喜爱。她对保罗的忠贞不渝和对家族的贡献，使她成为小说中不可或缺的角色之一。

坚韧与牺牲：尽管契尼在分娩过程中不幸去世，但她的坚韧和牺牲精神令人印象深刻。她的存在为整个故事增添了更多的情感色彩。

这些主要人物在《沙丘》中各自扮演了重要的角色，他们的独特魅力不仅体现在他们的性格特点和能力，更体现在他们在整个故事中所展现出的成长、变化和对家族的忠诚与牺牲。

这些角色被塑造得立体丰富，使读者能够深入了解他们的内心世界和成长历程，从而更加喜爱和尊敬他们。

步骤 03 在同一个聊天窗口中继续输入指令并发送，AI 会给出背景设定方面的评价，相关指令和回复内容如下。

提问

小说的背景设定有什么特点。

文心一言

小说《沙丘》的背景设定具有以下几个显著特点：

1. 未来与中世纪融合

故事背景设定在遥远的未来（10191年），但社会结构和文化特征却与中世纪类似。有皇帝、贵族、封地和近卫军等元素，为读者营造了一个既未来又复古的世界。人类社会经过漫长发展后，统治了宇宙中的其他星球，但在经历与人工智能的大战后，人类开始禁用人工智能，科技逐步后退，宗教再次登上舞台，形成了一个"高科技、低文明"的时期。

2. 独特的星球设定

厄拉科斯（沙丘）星球是故事的主要舞台，它是一个极度干旱、植被稀少的星球，拥有一种名为"香料"的稀有资源。这种香料不仅是厄拉科斯星球的经济命脉，还具有控制人类思维的能力。

厄拉科斯星球上的环境恶劣，但弗雷曼人（沙丘的原住民）却能在这种环境下生存并繁衍，他们有着独特的生活方式和战斗技巧。

3. 复杂的宗教与信仰

贝妮·杰瑟里特姐妹会是小说中的一个重要组织，她们通过特殊训练获得心灵能力，并在政治和宗教方面拥有重要地位。

小说中存在着多种宗教信仰，其中最为突出的是保罗·厄崔迪成为先知后形成的新宗教信仰，它给弗雷曼人带来了希望和力量，但也带来了不可控制的危险和牺牲。

4. 先进的科技与武器

尽管人类社会在整体上呈现科技后退的态势，但仍有一些先进的科技元素存在，如屏蔽场（一种保护建筑物免受沙暴侵袭的技术）和飞行器等。武器方面，除了传统的刀剑和弓箭外，还有声波炮（能够扰乱人体内部器官运作的武器）等未来武器。

5. 复杂的政治与权力斗争

帝国政府、哈克南家族和弗雷曼人之间的权力斗争是故事的主要线索之一。他们为了争夺香料资源和地盘而展开激烈的斗争。政治斗争中还涉及背叛、阴谋和权力游戏等元素，使得整个故事更加复杂和引人入胜。

综上所述，《沙丘》的背景设定将未来与中世纪融合、独特的星球设定、复杂的宗教与信仰、先进的科技与武器以及复杂的政治与权力斗争等元素巧妙地结合在一起，为读者营造了一个既陌生又熟悉、既科幻又奇幻的世界。这些设定不仅为故事的发展提供了背景和舞台，还使得读者能够更深入地理解人物的行为和决策背后的动机。

可以看出，从多个维度向 AI 提问，会获得更多有针对性的小说信息，而综合这些信息便可以获得更加全面的小说解读。

6.2.9　运用固定指令获取所需内容

扫码看视频

当用户需要指定AI的语言风格、内容属性时，可以套用"你的角色（专业领域）+你的能力（成果期待）+我希望你（任务需求）"这个固定指令，让AI生成我们想要的答案，相关案例如下。

提问

你的角色是新媒体运营导师，你拥有超强的运营操盘能力和丰富的专业知识，能够为用户提供专业化、实用性强的运营指导。现在我希望你为一个刚入职的小红书运营人员提供一些文案方面的建议。

文心一言

当然，我非常乐意为刚入职的小红书运营人员提供文案方面的建议。以下是一些我认为对于小红书文案创作至关重要的事项：

1. 了解目标用户

在开始写文案之前，深入了解你的目标用户群体。了解他们的兴趣、需求、生活方式等，这将有助于你创作出更符合他们喜好的内容。

可以通过分析小红书上的热门话题、用户评论和互动数据来洞察用户喜好。

2. 突出产品特点

在文案中清晰地突出产品的独特卖点或特点，让用户一眼就能看出你的产品与其他产品的区别。

使用生动的语言和具体的描述来展现产品的优势，避免使用过于抽象或复杂的词汇。

3. 使用引人入胜的标题

一个吸引人的标题是吸引用户点击阅读的关键。确保标题简洁明了，同时又能引起用户的好奇心或兴趣。

可以尝试使用疑问句、数字、表情符号等元素来增强标题的吸引力。

4. 创造情感共鸣

在文案中融入情感元素，让用户能够产生情感共鸣，从而更容易接受你的产品或观点。

可以讲述一个与产品相关的故事，或者描绘一个使用产品后的美好场景。

5. 优化关键词布局

在文案中合理使用关键词，以提高内容在小红书搜索中的排名。

将关键词自然地融入标题、正文和标签中，避免过度堆砌关键词导致内容质量下降。

6. 保持文案风格一致

确保你的文案风格与品牌或产品形象保持一致，这有助于树立品牌形象并提高用户认知度。

可以制定一份文案风格指南，明确文案的调性、语气和用词规范。

7. 注意文案的排版和布局

合理的排版和布局可以让文案更加易读和美观。

使用分段、加粗、引用等方式来突出重要信息，同时保持段落间的逻辑关系清晰。

8. 鼓励用户互动

在文案中设置一些互动环节，如提问、投票、征集意见等，以激发用户的参与热情。

及时回应用户的评论和反馈，建立良好的互动关系。

9. 测试和优化

不断测试不同风格的文案和排版方式，以找到最适合你的目标用户的文案策略。

根据用户反馈和数据分析结果来优化文案内容和形式。

10. 持续学习和提升

关注行业动态和最新趋势，不断学习和提升自己的文案创作能力。

可以阅读优秀的文案作品或参加相关培训课程来提升自己的写作水平。

6.2.10 专业加持以提高使用效率

▶扫码看视频

随着AI的应用场景不断扩展，使用人群不断增多，人们对AI生成更加专业性的答案的需求也不断增多。而掌握"问题背景+任务需求+行业专家模板或方法论"这个固定指令，能够帮助用户提高使用AI的效率，相关案例如下。

提问

请根据《创意的生成》中的理论，生成6个关于油画棒的广告文案，并说明为什么符合书中的理论。

文心一言

根据《创意的生成》一书中的理论，广告文案的生成应遵循明确的步骤，包括收集原始资料、分析资料、形成初步想法、将想法转化为创意以及最终测试和修正。

以下是根据这一理论生成的6个关于油画棒的广告文案，并解释为何它们符合书中的理论：

1. 小手中，大世界！

解释：收集原始资料阶段，我们了解到油画棒是儿童常用的绘画工具。

这个文案抓住了孩子具有无限的想象力和创造力的特点，体现了他们可以用油画棒创造出一个大世界的潜能。

2. 色彩缤纷，梦想启航！

解释：分析资料后，我们知道油画棒以其丰富的色彩吸引人们。

此文案利用"梦想起航"这一隐喻，激发人们的情感共鸣。

3.每一笔，都是艺术！

解释：在形成初步想法阶段，我们认识到油画棒不仅仅是绘画工具，更是艺术的载体。
这个文案强调了每一笔绘画都是对艺术的追求。

4.绘画，从未如此简单！

解释：在将想法转化为创意阶段，我们聚焦于油画棒的易用性。
这个文案传达了使用油画棒绘画的简便性，吸引初学者和儿童。

5.画中有话，心中有梦！

解释：在最终测试和修正阶段，我们确保文案不仅吸引眼球，还要触动内心。
这个文案结合了绘画和梦想，引发了人们内心的共鸣。

6.色彩魔法，触手可及！

解释：此文案基于油画棒的色彩多样性，用"魔法"一词增加神秘感和吸引力。
这些文案都基于《创意的生成》中的理论，遵循了收集原始资料、分析资料、形成初步
想法、将想法转化为创意以及最终测试和修正等步骤，确保它们既吸引人又具有深度。

▶ 第 7 章

技巧二：文案的修改和润色

　　除了满足用户创作文案的需求之外，AI还可以帮助用户检查、修改和润色已经写好的文案，让文案的内容更具有吸引力和说服力，从而充分发挥文案的作用。本章以文心一言为例，介绍AI修改和润色文案的方法。

7.1 使用 AI 修改文案的技巧

用户在完成文案的创作后，并不意味着工作就此结束了，为了保证内容的准确性和可读性，用户还需要对文案内容进行检查。而文心一言可以作为检查小助手，帮助用户检查文案的语法和拼写、案例真实性、重复内容以及情感表达。

除了对文案内容进行检查之外，用户还可以向文心一言指出文案中存在的问题，并提出自己的要求，让它根据要求改写文案。

7.1.1 检查语法和拼写

扫码看视频

语法错误和拼写错误是文案中经常出现的问题之一，这些错误可能会让受众对文案内容产生误解，降低文案的质量，削弱文案的专业性和可读性。用户可以让文心一言对文案内容进行检查，找出存在的语法和拼写错误，并提出修改建议，相关案例如下。

🔲 提问

请帮我检查以下文案内容的语法和拼写，列出存在的错误，并提出修改建议。
文案：如果我需要写一篇文章、只是我需要先搜集素材。

🔘 文心一言

文案"如果我需要写一篇文章、只是我需要先搜集素材"中存在几处需要修改的地方：
1. 标点符号错误：中文句子中，"只是"前不需要使用顿号"、"，应使用逗号"，"或者直接去掉，因为在这里"只是"是表示转折的连词。
2. 句子逻辑可优化：原句"只是我需要先搜集素材"可以修改为"那么我需要先搜集素材"，以使句子更流畅。
修改后的句子可以是："如果我需要写一篇文章，那么我需要先搜集素材。"
或者更简洁地表达为："写文章前，我需要先搜集素材。"

7.1.2 检查案例的真实性

扫码看视频

在创作文案的过程中，用户可能会通过添加案例来增加文案的专业性和可靠性。不过，用户要避免使用虚构或有误的案例，否则会降低文案的可信度和说服力，严重的还会违反相关法律法规。

用户可以借助文心一言庞大的信息资源库对案例的真实性进行检查，具体操作方法如下。

提问

请帮我检查以下内容中案例的真实性，并指出有误的地方。

文案：例如，在爱因斯坦的一生中，他被广泛认为是理论物理学的巨擘，他的相对论理论彻底改变了人类对宇宙的认知。然而，鲜为人知的是，在他的晚年，他竟然陷入了一场关于"永动机"的狂热研究中。

爱因斯坦在1940年代后期，突然对永动机的概念产生了浓厚的兴趣。他坚信，通过某种尚未被发现的物理原理，可以制造出一种能够无限运转而不需要外部能量输入的机器。这一想法在当时科学界引起了巨大的轰动，因为永动机的概念违反了能量守恒定律，这是自19世纪以来物理学的基本定律之一。

据说，爱因斯坦花费了大量的时间和精力，试图设计并制造出这样的永动机。他甚至在普林斯顿高等研究院的实验室里搭建了一个庞大的实验装置，试图通过精密的仪器和复杂的机械结构来验证他的理论。然而，无论他如何努力，他的实验总是以失败告终。

文心一言

文案中关于爱因斯坦晚年研究"永动机"的案例并不准确，存在误导性内容。以下是该案例的有误之处：

1. 误导性内容：文案中提到"爱因斯坦在晚年竟然陷入了一场关于'永动机'的狂热研究中"，这是不准确的。爱因斯坦作为理论物理学家，对物理学的贡献主要集中在相对论、光电效应、布朗运动等领域，他并没有公开表达过对永动机研究的兴趣或进行过相关研究。

2. 能量守恒定律：文案中指出永动机的概念违反了能量守恒定律，这是正确的。能量守恒定律是物理学的基本定律之一，任何试图制造永动机的尝试都会违反这一定律。

3. 实验室装置：文案中提到"他甚至在普林斯顿高等研究院的实验室里搭建了一个庞大的实验装置"，这也是不准确的。没有证据表明爱因斯坦在普林斯顿高等研究院或其他任何地方搭建过用于研究永动机的实验装置。

4. 失败与结论：文案提到"然而，无论他如何努力，他的实验总是以失败告终"，这也是基于一个不真实的假设，因为爱因斯坦并没有进行这样的实验。

总结来说，文案中关于爱因斯坦晚年研究永动机的案例是不真实的，误导了读者。爱因斯坦作为理论物理学家，他的主要贡献和兴趣集中在与现代物理学理论相关的问题上，而不是在违反物理基本定律的永动机研究上。

值得注意的是，在传播科学信息时，我们应保持严谨和准确，避免传播错误和误导性的内容。

7.1.3 检查重复的内容

重复的内容会让文案显得单调、乏味，降低其对受众的吸引力和包含的信息量，从而影响文案的传播。而运用文心一言，用户可以检查出文案中重复的字词、句子和段落，从而对文案进行修改，相关案例如下。

提问

请帮我检查以下文案中是否存在重复的内容，如果有，请指出来，并提供修改建议。

文案：夏日炎炎，碎花裙舞动街头，轻盈飘逸，如花海中的精灵。裙摆随风翻飞，摇曳着夏日的旋律，每一朵碎花都是夏日的诗篇。唯美的色彩，明艳的花纹，展现出不同的风情，如同夏日的阳光，热烈而多变，如同花海中的精灵，轻盈而飘逸。穿上碎花裙，仿佛置身于花海之中，与夏日共舞，感受那份独特的浪漫与热情。

文心一言

文案中存在部分内容的重复，主要集中在对碎花裙与夏日的互动、碎花裙与花海精灵之间相似性的描述上。以下是重复的内容和修改建议：

重复内容：

1. "轻盈飘逸，如花海中的精灵"和"如同花海中的精灵，轻盈而飘逸"表达了类似的意思，即碎花裙和花海中的精灵的相似感。

2. "裙摆随风翻飞，摇曳着夏日的旋律"和"与夏日共舞"都在描述与夏日的互动和舞动。

修改建议：

夏日炎炎，碎花裙舞动街头，轻盈飘逸，如同花海中的精灵。裙摆随风翻飞，摇曳着夏日的旋律，每一朵碎花都像是夏日的诗篇，讲述着热烈而多变的故事。唯美的色彩，明艳的花纹，展现出不同的风情，仿佛将我们带入了一个充满浪漫与热情的夏日世界。穿上它，仿佛置身于花海之中，与风共舞，感受那份独特的夏日魅力。

7.1.4 检查文案的情感表达

在文案的情感表达上，常常会出现两个问题，一个是不准确，另一个是不到位。错误的情感表达容易导致误解，从而影响文案主题的表达，甚至可能会产生争论。而不到位的情感表达容易使文案缺乏感染力，很难引起受众的情感共鸣，从而难以实现文案的目标。

文心一言作为一个语言模型，虽然不能完全理解人类的情感，但还是可以检查出文案中比较明显的情感表达错误，相关案例如下。

提问

请帮我检查以下产品营销文案中的情感表达是否准确、到位，如果有误，请先指出存在的问题，再提供相应的修改意见。

文案：全新充电宝，高效充电，安全可靠。大容量设计，持久续航，满足您日常需求。轻便易携，兼容多种设备，随时随地为您的设备提供稳定电力。选择它，享受无忧充电体验，让生活更加便捷高效。

文心一言

文案中的情感表达是积极、正面的，它突出了充电宝的多个优点，如高效充电、安全可靠、大容量、持久续航、轻便易携、兼容性强等，并强调了使用它后能够带来的无忧充电体验和生活的便捷高效。

然而，从纯粹情感表达的角度来看，文案可能稍显平淡，缺乏一些能够触动消费者内心情感的元素。虽然文案已经足够清晰地传达了产品的优点和能带来的好处，但增加一些情感上的共鸣可能会使文案更具吸引力。

以下是针对文案的修改建议：

全新充电宝，速度与安全的完美结合。大容量，长效续航，轻松应对日常所需。轻巧便携，一机在手，多种设备"畅充无阻"。选择它，开启无忧充电新纪元，让您的生活更加顺畅、高效，让您尽情享受科技带来的便利与舒适。

修改后的文案在保持原有文案优点的基础上，增加了"速度与安全的完美结合"来强调产品的核心优势，并在结尾处使用了"开启无忧充电新纪元"来传达一种新颖、创新的感觉，同时也增加了"尽情享受科技带来的便利与舒适"来强化情感上的共鸣。这样的修改可以使文案更具吸引力，更容易引起消费者的共鸣。

7.1.5 调整文案的观点

扫码看视频

当用户想通过文案来传达自己的观点时，要注意观点的正确性和客观性。所谓正确性，指的是观点是否符合客观事实、法律法规，例如"赤道地区比南极地区冷"就是一个错误观点；而客观性指的是观点是否存在主观武断、片面极端的情况，例如用户由于自己看手机影响了学习，就认为"看手机只有坏处没有好处"，这个观点就是主观、片面的。

每个人都可以有自己的想法，但当用户以文案的形式将自己的观点进行输出时，就必须确保文案观点是正确和客观的，否则容易向受众传递错误认知，从而

造成负面影响。当用户意识到文案观点不正确或过于主观时，可以借助文心一言对观点进行调整和补充，相关案例如下。

■ 提问

以下文案中的观点有些片面，请帮我进行调整和补充，将文案进行改写，要求：从正反两个角度进行阐述，客观、有理有据。

文案：所有的社交媒体都是浪费时间和精力的，人们应该完全避免使用它们。首先，这些以娱乐为导向的社交媒体平台，对我们的生活产生了显著的负面影响。在当下社会，手机普及率极高，聚会上人们往往沉浸在各自的社交媒体中，忽略了面对面的交流，从而导致人际关系的疏离。对于孩子们而言，一旦沉迷于手机上的社交媒体，他们可能会丧失对学习的专注，进而对学业成绩产生不良影响。

◉ 文心一言

社交媒体既有其益处也有潜在的弊端，我们需要以理性的态度来审视它。首先，不可否认的是，社交媒体平台确实在某种程度上对我们的生活产生负面影响。例如，在社交场合中，人们过于关注手机屏幕上的信息，可能会减少对身边人的关注和与他们的交流，从而导致人际关系的疏远。对于青少年而言，如果过度沉迷于社交媒体，确实可能分散他们对学习的注意力，影响学习成绩。

然而，从另一个角度来看，社交媒体也为我们带来了诸多便利和正面影响。它成为我们获取信息和知识的重要渠道，帮助我们了解世界各地的新闻和事件。同时，社交媒体也为我们提供了一个与远方亲朋好友保持联系的平台，让我们能够跨越地理距离，分享生活中的点滴。此外，对于许多个人和企业来说，社交媒体也成为推广自己、建立品牌的重要工具。

因此，我们不能一概而论，认为所有的社交媒体都是浪费时间和精力的。关键在于我们如何合理地使用它。我们应该在享受社交媒体带来的便利和乐趣的同时，注意保持与他人的面对面交流，避免过度沉迷。只有这样，我们才能在社交媒体时代中找到平衡，让科技真正为我们的生活增添色彩。

7.1.6 切换文案的叙述视角

扫码看视频

常见的叙述视角包括第一人称视角、第二人称视角、第三人称视角和全知视角等。选择合适的叙述视角，可以让受众更好地理解文案所包含的信息，最大程度地发挥文案的作用。用户可以根据文案的用途，让文心一言切换文案的叙述视角，相关案例如下。

提问

请用第一人称视角对以下文案进行改写，要求：用分享人的口吻来叙述，分享自己的使用体验。

文案：YY睡眠面膜蕴含天然植物精华，质地轻盈易吸收。睡前一抹，深层滋养，锁住肌肤水分，唤醒肌肤活力。让肌肤在睡梦中焕发自然光彩，醒来即见水润透亮！

文心一言

哈喽，朋友们！今天我来分享一下我最近的心头好——YY睡眠面膜。这款面膜真是我的肌肤救星，每次使用后都让我觉得皮肤得到了深层的滋养。

首先，YY睡眠面膜的质地真的非常轻盈，涂抹在脸上感觉就像丝绒般滑过，非常容易吸收。每天晚上我都会在洁面后，取适量面膜轻轻涂抹在脸上，那种清爽的感觉真的让人心旷神怡。其次，它的功效简直太棒了！这款面膜蕴含了天然植物精华，能深层滋养肌肤，锁住水分。晚上涂抹后，我总能安心入睡，因为我知道我的肌肤正在被这款面膜呵护着。第二天醒来，肌肤就像喝饱了水一样，水润透亮，活力四射。

最后，最让我惊喜的是，我的肌肤在睡梦中就能焕发自然光彩。每次照镜子，我都能感受到肌肤的明显变化，那种自然的光泽感真的让我非常满意。

总的来说，YY睡眠面膜真的是一款非常棒的产品。如果你也在寻找一款能够深层滋养、锁住水分的面膜，那么我强烈推荐你试试YY睡眠面膜。相信我，你不会失望的！

7.1.7　有效精减文案内容

扫码看视频

　　文案并不是字数越多、句式越复杂就越好，太多的文字会让受众产生阅读疲劳，过于烦琐的叙述会让受众难以抓住重点和理解文案信息。因此，对文案内容进行精减可以提高文案的可读性和专业性，使信息更为突出和清晰。运用文心一言，用户可以轻松有效地完成文案内容的精减，具体操作方法如下。

提问

请帮我对以下文案进行精减，要求：保留文案的主题思想，语句通顺。

文案：

杨梅盛宴，夏日里的酸甜诱惑！

炎炎夏日，你是否正在寻找一种清新的酸甜口感？那么，不妨来一场杨梅的味蕾狂欢吧！

口感独特：轻轻咬一口杨梅，先是酸甜的汁液在舌尖跳跃，随后果肉在口中释放出饱满的果汁，那种独特的酸甜交织的口感，仿佛在舌尖上跳起了一支欢快的夏日舞曲。每一颗杨梅都是大自然的馈赠，让你在品尝中感受到夏日的清新与甜美。

特点鲜明：杨梅不仅口感绝佳，其外观也颇具特色。红得发紫的外表下，隐藏着诱人的果肉和满满的果汁。它们小巧玲珑，像一颗颗璀璨的宝石，在阳光下熠熠生辉。杨梅的果核小巧易食，让你在享受美味的同时，无须为果核而困扰。

营养丰富：杨梅不仅美味可口，还富含多种营养成分。它含有丰富的维生素C、膳食纤维以及多种矿物质，如钾、钙、镁等。这些营养成分有助于增强免疫力、促进肠道健康、维持正常血压和心率等。同时，杨梅还具有一定的抗氧化作用，能够抵抗自由基的侵害，延缓衰老。

功效多多：杨梅不仅美味可口，还具有多种功效。它能够帮助消化、增进食欲，对于缓解夏季食欲不振、消化不良等问题具有一定的作用。此外，杨梅还具有解暑生津、止渴除烦的功效，让你在炎炎夏日中感受到一丝清凉。

快来品尝这美味的杨梅吧！让它在你的舌尖上跳跃出夏日的酸甜乐章，为你的夏日生活增添一份清新与甜美！

文心一言

杨梅盛宴，夏日酸甜之选！品尝杨梅，尽享酸甜交织的味蕾盛宴。轻咬一口，果汁四溢，仿佛舌尖上的夏日舞曲。杨梅外表红紫诱人，果核易食，每一颗都是大自然的馈赠。杨梅不仅美味，更富含维生素C、膳食纤维与矿物质，助消化、增强免疫力。它还能解暑生津，为夏日带来一丝清凉。快来品味杨梅，让酸甜乐章在舌尖跳跃，为夏日增添清新与甜美！

7.1.8 进行案例更换

扫码看视频

在文案中添加案例可以提高文案的专业性和说服力，但是在添加案例时，用户除了需要判断案例的真实性之外，也要判断案例与文案主题的适配度。如果案例并不能对文案主题起到支持作用，反而会降低文案的可信度，引起受众的质疑。

如果用户发现案例与主题不匹配，可以让文心一言对案例进行更换，下面介绍具体的操作方法。

提问

请根据文案的主题，更换不合适的案例，对文案进行改写，要求：文案的主题不变，更换的案例要与主题相匹配，并且案例真实可信。

文案：

女性在科学领域凭借强大的敏锐力和创造力，以及坚忍的毅力，为行业的发展带来了显著的成绩和新的突破。

例如，李清照，是我国宋代杰出的女词人，被誉为"千古第一才女"，其独特的词风与深厚的文学造诣在中国文学史上占有举足轻重的地位。她是山东济南章丘人，号易安居士，是婉约词派的代表人物。

文心一言

在描述女性在科学领域的贡献时，用李清照作为例子是不恰当的，因为李清照是女词人而非科学家。为了更准确地反映女性在科学领域的成就，我们可以用其他著名的女性科学家作为例子。

以下是修改后的内容：

女性在科学领域凭借强大的敏锐力和创造力，以及坚忍的毅力，为行业的发展带来了显著的成绩和新的突破。

例如，罗莎琳德·富兰克林（Rosalind Franklin），是一位杰出的英国物理学家和化学家，以其在DNA结构研究中的贡献而闻名。她的X射线晶体衍射照片为詹姆斯·沃森和弗朗西斯·克里克揭示DNA双螺旋结构提供了关键证据，这一发现被认为是现代生物学的基石。她凭借自身的才华和毅力，在科学领域取得了卓越的成就，为行业的发展带来了新的突破，并激励了更多的女性投身于科学事业。

7.1.9　修改文案标题

　　一个好的标题能够吸引受众的注意力，引导他们进一步了解文案的内容，并激发他们的购买欲望或行动意愿。因此，在创作文案时，用户需要对文案标题进行精心设计和不断优化，这样才能提高文案的阅读量和关注度。用户可以让文心一言根据已经完成的文案内容对标题进行修改，相关案例如下。

提问

请根据以下文案内容对标题进行修改，并说明这样修改的好处，要求：精准概括文案内容，简洁明了，能够激发受众的好奇心和购买欲。

标题：夏日必备防晒霜推荐。

文案：夏日炎炎，紫外线强烈，推荐这款防晒霜，轻盈不油腻，持久防晒效果好，有效抵御紫外线伤害，保护肌肤，防止晒伤、晒黑。轻松涂抹，即刻享受清凉防晒体验，让夏日更安心！

文心一言

修改后的标题："清凉防晒，夏日必备神器——轻盈持久防晒霜"，好处如下：

1. 精准概括：新标题"清凉防晒，夏日必备神器——轻盈持久防晒霜"精准地概括了文案中的关键信息，即防晒霜的清凉、轻盈、持久和防晒效果。

2. 简洁明了：标题简洁，不拖泥带水，一目了然地传达了产品的核心特点和适用场景。

3. 激发好奇心："夏日必备神器"这一表述，能激发受众的好奇心，让他们想要了解更

多关于这款防晒霜的信息。

4. 激发购买欲：标题中的"清凉防晒"和"轻盈持久"等词，都暗示了这款防晒霜的使用效果，从而激发受众的购买欲望。

7.2 使用 AI 润色文案的方法

文案润色不仅仅是修饰文字，更是塑造专业形象、改善传达效果、避免歧义和误解的重要工具。使用文心一言对文案进行润色，不仅可以提高效率，还能极大地提升文案的沟通力。

7.2.1 添加过渡语

扫码看视频

过渡语是连接不同段落或句子的词语或短语，添加过渡语可以增加文案的连贯性和逻辑性，便于受众更好地理解上下文之间的关系。用户可以让文心一言根据上下文的关系添加合适的过渡语，相关案例如下。

提问

请根据该电商文案中上下文的关系，在适当位置添加过渡语，以增加段落和句子之间的流畅度

文案：夏日防晒新选择，清爽防护两不误！我们的防晒衣采用高科技聚酯纤维，轻盈透气，快干清爽，让您在烈日下依然保持舒适。同时，其具备优异的抗紫外线性能，能有效阻隔紫外线伤害，全方位守护您的肌肤。选择我们，让您的夏日出行更加安心！

防晒衣也有细微的缺点，任何产品都难以完美，防晒衣在长时间日晒或极端环境下可能会有轻微褪色。但请放心，这并不影响其防护效果。选择我们，让您的夏日更加闪耀！

文心一言

夏日防晒新选择，清爽防护两不误！我们的防晒衣采用高科技聚酯纤维，轻盈透气，快干清爽，让您在烈日下依然保持舒适。这种舒适感不仅仅源于面料的质地，更在于它能够带给您一种夏日的清凉感受。同时，其具备优异的抗紫外线性能，能有效阻隔紫外线伤害，全方位守护您的肌肤。选择我们，让您的夏日出行更加安心！

然而，任何产品都难以做到完美，防晒衣也有细微的缺点，在长时间日晒或极端环境下，防晒衣可能会有轻微褪色，但请放心，这并不会影响其防护效果。尽管有这一细微瑕疵，但选择我们，您依然能够感受到高品质的光芒，让您的夏日更加闪耀！

7.2.2　提炼段落的主题句

　　主题句是指段落中的核心句，通常出现在段落的开头。它高度概括了段落的主要观点，可以清楚、直接地表达段落主题。文心一言可以根据段落的内容提炼出相应的主题句，相关案例如下。

提问

请提炼出文案中的主题句，并分析原因。

文案：在创作短视频标题时，要力求简洁明了，直击观众兴趣点。一个好的标题应能迅速吸引观众的注意力，同时准确传达视频的核心内容。可以利用疑问句、悬念、数字、情感共鸣等，增加标题的吸引力。此外，注意标题与视频内容的匹配度，避免夸大其词或误导观众。精心构思的标题，让你的短视频在众多视频中脱颖而出，吸引更多观众点击观看。

文心一言

主题句：在创作短视频文案标题时，要力求简洁明了，直击观众兴趣点。

原因：

1. 直接性：主题句直接指出了文案标题创作的核心要点，即"简洁明了"和"直击观众兴趣点"。这是文案的核心指导思想，对于理解全文起到了统领作用。

2. 引导性：主题句引导了后续内容的展开，即如何具体做到"简洁明了"和"直击观众兴趣点"，如利用疑问句、悬念、数字、情感共鸣等，以及注意标题与视频内容的匹配度等。

3. 中心性：整个文案都是围绕这一主题句进行的，从标题的吸引力到与视频内容的匹配度，再到如何让短视频在众多内容中脱颖而出，都是围绕如何创作一个优秀的短视频文案标题而展开的。

4. 总结性：主题句在文案结束时得到了再次强调，通过"精心构思的标题，让你的短视频在众多内容中脱颖而出，吸引更多观众点击观看"这一句子，总结了优秀标题对于短视频成功的重要性。

7.2.3　调整文案的结构方式

　　一般来说，文案或段落的结构可以分为总分、分总和总分总这三种结构方式。不同的结构方式有各自的特点，例如总分总结构可以兼顾内容的总体概括和详细分析，综合考虑到了整体与细节，使文案或段落的层次感更明显。用户可以根据需求让文心一言对文案或段落的结构方式进行调整，相关案例如下。

提问

请将以下文案调整为总分的结构方式。

文案：学习用AI生成公众号文案的技巧。首先，明确文案的目标和受众，让AI了解你的内容需求和风格。利用AI工具的关键词推荐功能，选取与公众号主题相关的词汇，确保文案的针对性和相关性。其次，学习调整AI生成文案的语法和表达方式，使其更符合公众号的语言风格和阅读习惯。最后，关注文案的流畅性和逻辑性，确保内容易于理解和接受。

总结：通过学习上述技巧，公众号运营者可以充分利用AI工具提升文案创作的效率和质量。借助AI的智能化功能，快速生成符合公众号风格和需求的文案，为公众号运营增添新动力。

文心一言

总分结构文案

总结：

公众号运营者通过学习利用AI生成文案的技巧，能够有效提升文案创作的效率和质量。借助AI工具的智能推荐和编辑功能，公众号运营者可以快速构建出既符合公众号风格又满足内容需求的文案，为公众号运营注入新的活力。

分述：

1. 明确目标与受众：在使用AI工具生成文案前，首要任务是明确文案的目标和受众。这有助于AI更准确地理解你的内容需求和风格，从而生成更符合期望的文案。

2. 利用关键词推荐功能：利用AI工具的关键词推荐功能，选择与公众号主题紧密相关的词汇。这样可以确保文案的针对性和相关性，吸引目标受众的注意力。

3. 调整语法与表达方式：学习调整AI生成文案的语法和表达方式，使其更符合公众号的语言风格和阅读习惯。这有助于提高文案的可读性和吸引力。

4. 关注流畅性与逻辑性：在编辑AI生成的文案时，要特别关注文案的流畅性和逻辑性。确保内容条理清晰、易于理解和接受，从而提高读者的阅读体验。

7.2.4　替换不恰当的词汇

在文案中使用恰当的词语可以确保信息传达的准确性，体现用户的文学水平和表达能力。词语是否恰当需要用户根据文案的性质、受众和作用等因素来进行判断，例如在比较正式的文案中应该避免使用方言或口语化的词语，在受众为普通人的文案中应该避免使用太多的专业词语。用户可以向文心一言提出自己的需求，让它对不恰当的词语进行替换，相关案例如下。

提问

请将以下文案中的书面用词替换为口语词汇。

文案：用AI生成更有趣的公众号文案，关键在于创意引导和情感融入，让内容更富有吸引力和共鸣感。

文心一言

用AI写出更有趣的公众号文案，其实就是要加点创意和感情，让内容更吸引人，更能打动大家的心。

7.2.5　合并短句型文案

合并短句是指将两个或多个短句合并成一个更长的句子，一般通过使用连接词和标点符号等方法实现。合并短句可以提高句子的流畅性，便于表达更复杂的内涵。

需要注意的是，并不是所有的短句都可以合并，也不是所有的短句都需要合并，用户需要根据具体的语境和表达需求进行判断，再让文心一言进行合并，相关案例如下。

提问

请将以下短句合并成一个句子。

AI生成高质量的文案需要具备语言理解与生成功能。AI生成高质量的文案需要具备内容创意与多样性。AI生成高质量的文案需要具备对目标受众的洞察力。

文心一言

AI生成高质量的文案，需要具备语言理解与生成功能、内容创意与多样性以及对目标受众的洞察力。

7.2.6　拆分长句型文案

太长的句子可能包含太多信息，既不方便受众理解，又容易产生歧义。因此，拆分长句可以更清晰、独立地表达思想，突出内容的重点，还可以提高文案的可读性和吸引力。用户将自己的要求提供给文心一言，让它根据要求对长句进行拆分。相关案例如下。

提问

请将下面的长句进行拆分，要求：保持原意，语句通顺，语意连贯。

借助AI智能分析精准把握用户兴趣并巧妙融合创意元素打造引人入胜的小红书标题。

文心一言

拆分后的句子：AI智能分析能够精准把握用户的兴趣，借助这种分析，我们可以巧妙融合创意元素，最终，打造出引人入胜的小红书标题。

7.2.7 添加修辞手法

添加修辞手法是常见的文案润色方法之一。这样做可以增强文案的表达力和艺术性，从而更容易获得受众的关注与喜爱。修辞手法的种类繁多，用户可以指定具体的种类让文心一言进行添加，也可以让文心一言自由发挥，相关案例如下。

提问

请为以下文案添加比喻的修辞手法。

文案：夏日的杨梅，颜色是鲜艳如火的，杨梅是解暑佳品，味道是酸甜可口的。

文心一言

夏日的杨梅，犹如烈火中跃动的红宝石，鲜艳如火，在阳光下闪耀着诱人的光泽。它们宛如夏日的解暑使者，为我们带来阵阵凉意。尝上一颗，仿佛吃了一颗融合了酸甜滋味的糖果，让人回味无穷。

▶ 第8章

技巧三：指令模板的套用与编辑

如果用户想节省编写、优化指令的时间，更快获得所需回复，可以运用指令模板来提问。指令模板是指AI归纳出的特定格式指令，可以帮用户提高AI回复的可控性和可预测性，降低AI生成不妥内容的风险，提高用户与AI的交互体验。

8.1 文心一言的"一言百宝箱"

用户可以使用"一言百宝箱"对话框中的各种预设指令模板，更好地与AI进行对话。这些指令模板经过文心一言的精心设计，可以在不同场景中引导AI生成最佳回复内容。掌握AI指令模板的使用技巧，可以减少试错成本，提高人机交互效率。

8.1.1 视频脚本创作

扫码看视频

文心一言作为一个强大的AI工具，其文本生成能力让人们看到了人工智能辅助人类创作的可能性。用户可以尝试使用"创意写作"指令模板，让文心一言自动撰写出富有美感的诗词、视频脚本、歌词、各类文稿等内容，具体操作方法如下。

步骤01 在文心一言的"一言百宝箱"对话框中，点击"场景"按钮，选择"创意写作"选项卡，单击"视频脚本创作"右下角的"使用"按钮，如图8-1所示，即可将所选的指令模板自动填入到输入框中。

图 8-1 单击"使用"按钮

步骤02 对指令模板中的"对象"和"脚本要求"进行调整，按键盘上的"Enter"键确认，即可生成相应的视频脚本文案，相关指令和回复内容如下。

 提问

"你是视频脚本创作大师，也是视频拍摄专家，

请为{对象}做一个宣传片脚本，

脚本的具体要求是{脚本要求}。

{对象}=FF品牌牛仔裤

{脚本要求}=1. 脚本需要包含镜头、旁白及场景，对话场景，背景音乐（请给出具体的音乐名称）等元素。2. 脚本需要吸引观众的眼球，开头3秒内要能抓住观众注意力。3. 视频时长约为20秒。请确保脚本内容符合牛仔裤的品牌形象和宣传目标，同时考虑到观众的喜好和需求。"

文心一言

FF品牌牛仔裤宣传片脚本

镜头1（0～2秒）

▲ 画面快速拉近一双穿着FF品牌牛仔裤的腿，伴随着轻快的鼓点音乐 *Beat of the Rising Sun*。

旁白：就在这一刻，时尚与舒适交汇。

镜头2（2～5秒）

▲ 镜头缓慢上移，展现穿着FF牛仔裤的完整腿部线条，强调牛仔裤的剪裁与质感。

旁白：FF品牌牛仔裤，让每一步都充满自信。

镜头3（5～8秒）

▲ 切换到模特侧面的镜头，展示牛仔裤的侧面轮廓和独特设计。

旁白：独特设计，彰显个性魅力。

镜头4（8～12秒）

▲ 模特站在都市街头，背后是繁华的城市景象，微笑面对镜头。

对话（模特）：FF牛仔裤，我的都市新选择。

旁白：无论是街头漫步，还是职场拼搏，FF都是你的最佳伙伴。

镜头5（12～15秒）

▲ 镜头切换至模特展示牛仔裤的多功能性，如坐下、蹲下等动作，强调其舒适性和耐用性。

旁白：无论何种场合，FF牛仔裤都能让你轻松应对。

镜头6（15～18秒）

▲ 画面回到模特的全身，模特摆出一个时尚的姿势，背景是FF品牌的标识。

旁白：FF品牌牛仔裤，时尚与舒适并存。

镜头7（18～20秒）

▲ 画面渐出，同时出现品牌标语和购买链接。

旁白：立即选购，体验FF带来的不一样！

▲ 背景音乐渐弱，画面结束。

备注：整个宣传片以快节奏和动感的音乐为背景，通过模特的展示和旁白的引导，突出FF品牌牛仔裤的时尚、舒适和耐用性，同时吸引观众的注意力并引导他们进行购买。

★ 专家提醒 ★

在文心一言主页的左侧单击"百宝箱"按钮，即可弹出"一言百宝箱"对话框。除了在对话框中选择指令模板之外，用户还可以在输入框中输入"/"，调出收藏的指令模板使用，具体操作方法在第1章的1.1.4小节中进行了详细介绍，有需要的用户可以前往学习。

8.1.2 灵感策划类创作

灵感是创造力的火花，是创新的源泉，而文心一言可以成为用户无尽灵感的源头。不论是创作者、企业家、艺术家，还是其他任何领域的从业者，文心一言都能够为其提供新颖的想法和激发创作的灵感。

而且，文心一言不仅可以提供专业领域的见解，还可以模拟不同的创意风格和思维方式，它可以成为用户的"创意合伙人"，帮助用户突破思维的局限，探索更多新的可能性，具体操作方法如下。

步骤01 在文心一言的"一言百宝箱"对话框中，切换至"场景"中的"灵感策划"选项卡，单击"营销软文"右下角的"使用"按钮，如图8-2所示，将指令模板自动填入到输入框中。

图 8-2 单击"营销软文"右下角的"使用"按钮

步骤02 对指令模板中的内容进行修改，按键盘上的"Enter"键确认，即可让AI生成对应的文案，相关指令和回复内容如下。

提问

请作为一名专业的营销人员，写一篇智能家居音箱的软文，要求主题明确、结构合理、语言简洁、风格统一。请注意软文写作的要点和技巧，以及突出产品或服务的特点和优势，不超过500字。

文心一言

智能家居新宠，音箱界的"全能选手"

在快节奏的现代生活中，智能家居已成为不少家庭的标配。而今天，我要给大家介绍的，正是智能家居领域的一颗璀璨新星——智能家居音箱。

这款音箱，不仅仅是一个播放音乐的设备，更是家庭生活的智能助手。它集音乐播放器、语音助手、智能家居控制于一身，一机在手，家居生活尽在掌握。

音质方面，音箱采用了先进的音频处理技术，无论是饱满的低音还是明亮的高音，都能呈现得淋漓尽致。无论是轻松的流行音乐，还是激昂的交响乐，都能为你带来震撼的听觉享受。

更值得一提的是，这款音箱还具备强大的语音助手功能。只需简单的语音指令，就能帮你查询天气、播放新闻、设置闹钟，甚至还能控制家里的其他智能设备，如灯、空调等。从此，智能家居让生活变得如此简单。

安全性方面，我们同样不遗余力。音箱采用了先进的加密技术，确保你的隐私安全。同时，我们还提供了丰富的个性化设置选项，让你能根据自己的喜好，定制专属的智能家居体验。

智能家居音箱，是你家居生活的好帮手，更是你追求品质生活的得力助手。快来体验吧，让智能家居为你带来全新的生活方式！

8.1.3　解锁商业分析场景

产品市场调研是一个全面而系统的过程，它需要综合运用市场学、统计学、心理学等多学科的知识，通过科学的方法和手段，收集和分析市场信息，为企业提供决策支持。通过产品市场调研，企业可以更加准确地把握市场需求和竞争态势，为产品的成功推出和市场竞争提供有力保障。

扫码看视频

AI可以通过深入的分析和评估，来完成产品市场调研，让企业更加准确地把握市场机会和预防潜在风险，并制定相应的策略来推动产品的商业成功，具体操作方法如下。

步骤01 在文心一言的"一言百宝箱"对话框中，切换至"场景"中的"商业分析"选项卡，单击"产品市场调研"右下角的"使用"按钮，如图8-3所示，即可将指令模板自动填入到输入框中。

图8-3　单击"产品市场调研"右下角的"使用"按钮

步骤 02 对括号中的内容进行修改，按键盘上的"Enter"键确认，让AI对节能台灯进行产品市场调研，相关指令和回复内容如下。

提问

如果一个公司想要在他们的产品线中添加 [节能台灯]，以应对市场中的新趋势和客户的新需求，那么他们如何利用已有的数据和工具进行有效的商业分析，以确定这个新产品的商业潜力？

文心一言

当一个公司考虑在他们的产品线中添加节能台灯以应对市场新趋势和客户新需求时，利用已有的数据和工具进行有效的商业分析至关重要。以下是进行商业分析以确定新产品商业潜力的步骤：

1. 市场规模与增长趋势分析

收集和分析台灯市场的历史数据和当前市场趋势，如市场规模、增长率和预测。参考《台灯行业市场前景研究：护眼台灯需求潜力大》中的数据，中国台灯市场规模在近年来保持了稳定的增长，预计2024年将继续增长。

评估节能台灯在整体市场中的占比和增长潜力，特别要考虑到人们环保和节能意识的增强。

2. 竞争情况分析

分析市场上现有的节能台灯品牌、产品特点、定价策略、市场份额等。

评估竞争对手的优势和劣势，以及潜在的市场进入障碍。

识别公司的产品在竞争中的差异化优势，如独特的设计、更高的能效、更低的成本等。

3. 目标消费者需求分析

通过市场调研了解目标消费者的需求、偏好和购买行为。

分析消费者对于现有台灯产品的不满意之处，以及对于节能台灯的期望。

确定节能台灯的主要购买群体，如学生、上班族等，并了解他们的具体需求。

4. 数据驱动的产品定位

使用描述性分析工具（如柱状图、折线图等）来展示市场数据，以便更好地理解市场规模、增长趋势和消费者需求。

结合诊断性分析和预测性分析，识别市场中的机会和挑战，以及预测新产品在市场中的表现。

根据分析结果，制定新产品的定位策略，包括确定目标市场、识别目标消费者、明确产品特点、设定定价等。

5. 风险评估与应对策略

评估商业分析过程中发现的风险因素，如市场竞争激烈、技术难题、消费者接受度低等。

制定相应的应对策略，如加强市场营销、提升产品质量、降低生产成本等。

6. 制订商业计划

综合商业分析的结果，制订详细的商业计划，包括市场进入策略、产品推广计划、销售渠道策略、财务预算等。

确保商业计划与公司整体战略保持一致，并为新产品的成功上市提供有力支持。

通过以上步骤，公司可以利用已有的数据和工具进行有效的商业分析，以确定新产品的商业潜力，并为新产品的成功上市提供有力支持。

8.1.4 职场效率计划撰写

忙碌的工作和生活，常常让我们无暇去积极地规划未来，如果有一个效率助手，能够帮我们制订合理的工作计划，那该多好！

现在，文心一言就可以扮演这样的智能助手角色，我们只需给出工作任务、时间期限等基本指令，文心一言就可以基于丰富的知识，自动帮我们安排一个高效合理的工作计划，它还可以考虑假期等因素，使工作计划更符合实际，具体操作方法如下。

步骤01 在文心一言的"一言百宝箱"对话框中，切换至"场景"中的"职场效率"选项卡，单击"工作计划撰写"右下角的"使用"按钮，如图8-4所示，将指令模板自动填入到指令输入框中。

步骤02 对括号中的内容进行修改，按键盘上的"Enter"键确认，即可让AI生成相应的工作计划，相关指令和回复内容如下。

图 8-4　单击"工作计划撰写"右下角的"使用"按钮

提问

请为一名[新媒体运营编辑]编写一个[第三季度]工作计划，要求实现[完成平台维护与后台管理工作及至少6篇软文的策划与编辑]的目标。注意你的计划需要包括以下要点：

【工作目标】明确你要达成的目标，把目标分解成具体的、可衡量的指标。

【工作任务】列出完成目标所需的任务，为每项任务设定截止日期，并规划好时间。

【所需资源】确定你需要哪些资源来协助你完成你的工作任务。

【风险预测】预测可能出现的困难和挑战，提前想好应对策略。

【跟进与评估】制定可跟踪进度的目标，设置定期检查机制。

文心一言

新媒体运营编辑第三季度工作计划

一、工作目标

完成平台维护与后台管理工作，确保平台稳定运行，提升用户体验。

策划并编辑至少6篇高质量软文，每篇软文的阅读量、点赞量和转发量均达到行业平均水平。

二、工作任务及时间安排

平台维护与后台管理

任务1：对现有平台进行功能测试，记录并修复存在的问题（××月××日前完成）

任务2：根据用户反馈，对平台进行界面优化，提升用户友好性（××月××日前完成）

任务3：定期更新管理后台，确保数据安全和系统稳定性（每季度至少一次，本季度定于××月××日进行）

软文策划与编辑

任务1：制订软文选题规划，明确每篇软文的主题和目的（××月××日前完成）

任务2：撰写并编辑至少6篇软文，每篇字数不少于1000字（××月至××月，每月至少

完成2篇）

任务3：与设计师合作，为软文制作符合主题和风格的配图（随文同步完成）

任务4：发布软文并跟踪数据，根据数据反馈进行后续优化（发布后一周内完成数据收集和分析）

三、所需资源

技术人员支持：在进行平台维护和后台管理的过程中，需要技术人员协助解决技术问题。

设计师资源：为软文提供高质量的配图，确保图文搭配得当。

数据分析工具：用于跟踪软文发布后的数据表现，为后续优化提供依据。

四、风险预测与应对策略

技术难题：在平台维护过程中，可能会遇到难以解决的技术问题。应对策略：提前与技术人员沟通，确保问题得到及时解决。

选题不热门：软文选题可能不符合读者兴趣，导致阅读量不佳。应对策略：定期关注行业热点和读者反馈，调整选题方向。

数据波动：软文发布后，数据表现可能受到多种因素影响，如节假日、热点事件等。应对策略：持续关注数据变化，分析原因并调整策略。

五、跟进与评估

每周进度汇报：每周向团队汇报工作进度，确保任务按时完成。

月度总结评估：每月对已完成的工作进行总结评估，分析优点和不足，为下月工作提供参考。

季度目标考核：在季度末对整体工作进行考核，确保实现完成平台维护与后台管理工作以及至少6篇软文的策划与编辑目标。

8.1.5　设计广告片营销文案

扫码看视频

营销文案是一种书面内容，旨在吸引、引导和激发潜在客户的兴趣，以促使他们采取特定的行动，如购买产品、注册账号、订阅服务或与品牌互动等。营销文案可以出现在各种媒介上，包括广告片、网站、社交媒体、电子邮件、宣传册、产品包装和其他宣传材料。使用文心一言可以快速写出各种营销文案，具体操作方法如下。

步骤01 在文心一言的"一言百宝箱"对话框中，切换至"场景"中的"营销文案"选项卡，单击"儿童节营销方案"右下角的"使用"按钮，如图8-5所示，将指令模板自动填入到指令输入框中。

步骤02 按键盘上的"Enter"键确认，即可让AI生成一个儿童节营销方案，相关指令和回复内容如下。

图 8-5　单击"儿童节营销方案"右下角的"使用"按钮

提问

你是一位汽车玩具营销总监。请为六一儿童节的产品营销活动制定一份详细的营销方案。营销方案要求：1. 紧密结合六一儿童节的主题，设计具有创意和吸引力的营销活动。2. 充分考虑目标受众的喜好和需求，制定符合他们喜好的营销策略。3. 充分利用社交媒体、广告等渠道进行广泛传播，提高品牌知名度和销量。4. 营销方案应包括活动主题、目标、策略、执行步骤、预算等方面的内容。请确保营销方案具有可行性和创新性，能够吸引潜在客户的关注并激发他们的购买意愿。

文心一言

"小小赛车手，六一乐翻天"汽车玩具营销方案

一、活动主题

"小小赛车手，六一乐翻天"——让孩子们的梦想在赛车场上驰骋!

二、活动目标

1.借助六一儿童节热点，提升品牌知名度和影响力。

2.吸引家长和孩子的关注，提升产品销量。

3.建立品牌与消费者的情感连接，增强品牌忠诚度。

三、目标受众

主要面向3~10岁儿童及其家长，特别是喜欢赛车文化和益智玩具的家庭。

四、营销策略

1.产品策略：推出"六一限定版"赛车玩具，设计新颖、功能丰富，同时附带赛车手套装，增加趣味性。

2.价格策略：在六一期间提供限时折扣和满额赠品，刺激消费。

3.传播策略：利用社交媒体、短视频平台、亲子论坛等渠道进行广泛传播，同时与知名博主、网红合作，进行产品试用和推荐。

五、执行步骤

1.前期准备：设计并生产"六一限定版"赛车玩具，与博主、网红建立合作关系，制订

详细的宣传计划。

2. 宣传推广：制作吸引人的广告，突出产品特色和优惠活动；发布短视频，展示产品玩法和赛车比赛的乐趣；与博主、网红合作，进行产品试用和推荐，吸引粉丝关注。

3. 活动实施：在电商平台和线下门店设置"六一限定版"专区，提供购买服务；举办线上赛车比赛，邀请消费者参与，增加互动和曝光；在线下门店举办亲子赛车体验活动，增强消费者对产品的认知和认同。

4. 后期跟进：收集用户反馈，持续优化产品和服务；评估活动效果，总结经验教训。

六、预算

根据产品生产、广告推广、活动实施等方面的需求，制订详细的预算计划，以确保活动的顺利进行。

★ 专家提醒 ★

除了在"场景"选项卡中查找和使用指令模板之外，用户也可以切换至"精选"选项卡中，查看文心一言推荐的指令模板，如图8-6所示。

图 8-6　"精选"选项卡

另外，在"职业"选项卡中，文心一言还有针对学生、自媒体、产品或运营、技术研发、企业管理者、市场营销、党政机关、销售、老师和行政人力这10类人群的指令模板，方便用户更快、更精准地找到所需模板，如图8-7所示。

图 8-7　"职业"选项卡

8.2 Kimi 的提问模板

虽然Kimi没有官方的指令模板，但是在与其交流的过程中，可以总结出一些简单、实用的提问模板，帮助用户更快获得需要的回复。除了前面介绍过的一些固定指令之外，用户还可以运用一些具体类别的指令模板来生成对应的文案。

8.2.1 创作动漫视频脚本

和电视剧、电影一样，动漫也是影视行业中重要的娱乐形式，不同的是，动漫主要是以漫画或插画的形式来讲述故事、表达观点。动漫由一定的脚本统领，串联单个的漫画，组成完整的影视作品或短视频。用户巧用Kimi，可以获得创作动漫脚本的灵感。

扫码看视频

用户运用Kimi创作动漫脚本时可以采用以下指令模板进行提问。

请你充当动漫制作人，创作一个以×××为主题的动漫短视频脚本。

采用指令模板让Kimi创作动漫脚本的示例如下。

提问

请你充当动漫制作人，创作一个以"兔子机智逃生"为主题的动漫短视频脚本。

Kimi

当然可以！下面是一个简短的动漫短视频脚本，以"兔子机智逃生"为主题：

标题：兔子的机智大逃亡

时长：3分钟

场景一：森林的早晨

镜头：镜头缓缓推进，穿过茂密的树林，阳光透过树叶洒在地面上。

旁白："在这片宁静的森林里，住着一只聪明机智的小兔子，名叫米米。"

场景二：米米在草地上

镜头：米米在草地上跳跃，寻找食物。

米米："今天的天气真好，我要多找些食物。"

场景三：危险来临

镜头：一只狡猾的狐狸悄悄地接近米米。

狐狸："嘿嘿，美味的早餐来了。"

场景四：米米的发现

镜头：米米突然感觉到了危险，迅速回头。

米米："不好，是狐狸！"

场景五：米米的计划

镜头：米米迅速思考，然后假装没看到狐狸，继续寻找食物。

旁白："米米知道，直接逃跑可能会引起狐狸的注意。"

场景六：米米的机智行动

镜头：米米突然跳起来，大声喊叫，吸引其他动物的注意。

米米："快看！那边有好吃的！"

狐狸："什么？好吃的？在哪里？"

场景七：狐狸的分心

镜头：狐狸被米米的喊声吸引，转头去看。

旁白："米米利用狐狸的好奇心，成功转移了它的注意力。"

场景八：米米的逃脱

镜头：米米趁狐狸分心的瞬间，快速跑向森林深处。

米米："拜拜了，狐狸先生！"

场景九：安全的米米

镜头：米米躲在一棵大树后面，喘着气。

米米："呼，好险，我真是一只聪明的兔子。"

场景十：结尾

镜头：镜头拉远，展现整个森林的美景。

旁白："在这片森林里，每一天都充满了未知和冒险。但只要像米米一样机智勇敢，就没有什么是不可能的。"

片尾：米米在草地上快乐地跳跃，屏幕渐渐变黑，出现文字："保持机智，保持勇敢。"

这个脚本只是一个基础框架，可以根据实际制作需要进行调整和丰富。希望这个脚本能激发你的创作灵感！

后续用户还可以让Kimi尝试将每一幕的具体场景、情节构思写出来，以获得更多的灵感。

8.2.2 AI创作期刊文章

期刊与报纸的功效相似，都是刊登有时效性的消息，发挥告知、通知、解惑等作用。期刊文章的内容依据期刊的类型而定，用户可以让Kimi根据期刊类型生成相应的文章。

用户运用Kimi生成期刊文章时可以采用以下指令模板进行提问。

请根据期刊文章的写法，为××（期刊类型）刊物写作一篇主题为××的文章。

采用指令模板让Kimi生成期刊文章的示例如下。

⬤ 提问

请根据期刊文章的写法，为美妆刊物写作一篇主题为新年热门妆容指南的文章。

Ⓚ Kimi

新年新气象：2024年美妆趋势全解析

引言

新年伊始，万象更新。在这个充满希望的时刻，美妆界也迎来了新一年的流行趋势。从色彩的大胆运用到质地的创新突破，2024年的美妆潮流将引领我们走向一个更加大胆、个性化的自我表达时代。本文将为您解析新年美妆的热门趋势，让您在新的一年里，以最时尚的姿态迎接每一个精彩瞬间。

一、色彩的革命：大胆撞色

2024年，美妆界的色彩运用将更加大胆和多元。撞色妆容将成为新年的热门选择，通过对比鲜明的色彩搭配，展现个性与活力。

1. 冷暖色调的碰撞

冷暖色调的对比，可以产生强烈的视觉冲击。例如，使用冷色调的蓝色眼影与暖色调的橙色腮红相结合，既清新又热情。

2. 金属与哑光的结合

金属质感的眼彩或唇彩与哑光质地的底妆相结合，既能够突出妆容的重点，又能够保持整体的和谐。

二、质地的创新：液体与粉末的融合

随着美妆技术的不断进步，2024年的美妆产品在质地上也有了更多的创新。液体与粉末的融合，将带来全新的使用体验。

1. 液体粉底的轻薄感

轻薄的液体粉底，能够提供更加自然的遮瑕效果，同时保持肌肤的透气性。

2. 粉末腮红的持久力和色彩饱和度

粉末腮红的卓越持久力和色彩饱和度，使其成为新年妆容中不可或缺的一部分。

三、细节的精致：眼妆与唇妆的点睛之笔

在细节的处理上，2024年的美妆界会更加注重精致感与独特性。

1. 眼妆的立体感

通过多层次的眼影叠加和眼线的精细勾勒，打造出立体深邃的眼妆效果。

2. 唇妆的多变性

从哑光到光泽，从饱满到渐变，多变的唇妆将满足不同场合的需求。

四、自然与环保：绿色美妆的崛起

随着环保意识的增强，绿色美妆产品在2024年将越来越受到欢迎。

1. 天然成分的护肤品：使用天然成分的护肤品，不仅能够减少对肌肤的刺激，也更加环保。

2. 可回收包装：选择可回收材料制作美妆产品包装，减少对环境的影响。

结语：新年新气象，美妆界也在不断地创新与突破。2024年的美妆趋势，不仅体现在色彩和质地的革新上，更体现在细节的精致和对环保的追求。让我们跟随这些潮流，以最美的姿态迎接新年的到来。

本文为美妆刊物的新年热门妆容指南文章，旨在为读者提供新年的美妆灵感和趋势分析。希望每位读者都能在这个新年里，找到属于自己的美丽之道。

8.2.3 生成电视广告文案

在媒体领域，电视是提供娱乐、传播信息的主要媒介之一，同时也可以起到助力产品推广的作用。在Kimi的帮助下，用户可以通过输入指令，获得满足需求的广告文案。

用户运用Kimi生成电视广告文案时可以采用以下指令模板进行提问。

假设你是一位经验丰富的广告策划专员，请你提供×条关于×××（产品）的电视广告文案，要带有情境和生活画面，有感染力。

采用指令模板让Kimi生成电视广告文案的示例如下。

提问

假设你是一位经验丰富的广告策划专员，请你提供4条关于纸尿裤的电视广告文案，要带有情境和生活画面，有感染力。

Kimi

当然，创作广告文案需要考虑目标受众、产品特性以及情感诉求。以下是4条关于纸尿裤的电视广告文案，它们旨在通过情境和生活画面来吸引和感染潜在消费者：

1. 文案一：成长无忧

情境：一个活泼的宝宝在草地上翻滚，无忧无虑地玩耍。

画面：镜头缓慢推进，展现宝宝脸上的笑容。

旁白："在成长的路上，每一个翻滚都是探索的开始。选择我们的纸尿裤，给宝宝最柔软的呵护，让宝宝的每一次探索都充满欢笑。"

情感诉求：强调纸尿裤的舒适性和对宝宝成长的支持。

2. 文案二：夜间守护者

情境：夜晚，一个家庭在宁静中安睡。

画面：月光透过窗帘，照在宝宝安详的睡脸上。

旁白："宁静的夜晚，是我们的纸尿裤在守护您和宝宝的睡眠。超强吸收，整夜干爽，让每一个梦境都甜美无比。"

情感诉求：突出纸尿裤的夜间使用效果，能给予家长和宝宝安心的睡眠。

3. 文案三：小小探险家

情境：一个小宝宝在室内探索，触摸各种物品。

画面：宝宝好奇地触摸玩具和家具，父母微笑着在旁守护。

旁白："每个宝宝都是天生的探险家，我们的纸尿裤，像父母的手一样，给予宝宝最贴心的保护，让宝宝的每一步都走得更稳。"

情感诉求：强调纸尿裤的保护作用，与父母共同守护宝宝的成长。

4. 文案四：活力宝宝

情境：一个宝宝在家庭游泳池里快乐地踢水。

画面：水花四溅，宝宝脸上洋溢着兴奋的笑容。

旁白："在水的世界里，宝宝也能尽情展现活力。我们的纸尿裤，即使在水下，也能保持干爽，让宝宝的每一次踢水都充满乐趣。"

情感诉求：展示纸尿裤的防水特性，让宝宝在各种环境下都能保持舒适。

每一条文案都旨在通过具体的生活场景和情感联系，来增强广告的感染力和说服力。

8.2.4　生成品牌故事文案

扫码看视频

品牌故事是品牌与受众进行情感连接的营销手段。一个引人入胜的品牌故事能够增强受众的信任感，提高受众对品牌的忠实度。编写品牌故事需要结合品牌的特性和受众的需求，并非一件容易的事，但在Kimi的帮助下，用户可以快速地梳理出品牌信息，连接受众需求，并用合适的文字进行表达。

用户运用Kimi生成品牌故事时可以采用以下指令模板进行提问。

请根据下面提供的品牌信息，并结合目标受众编写一个品牌故事，要有完整的故事线，能够吸引目标受众。

品牌信息：××。

采用指令模板让Kimi生成品牌故事的示例如下。

🌑 提问

请根据下面提供的品牌信息编写一个品牌故事，要有完整的故事线和感染力，能够吸引目标受众。

品牌信息：W品牌的业务是小众服饰设计，意图用服饰来传达独一无二的理念，鼓励每个人都勇敢地追求个性。

Kimi

在遥远的东方，有一个被群山环抱的小村庄，那里的居民们过着简单而宁静的生活。村庄里有一个名叫W的年轻裁缝，他拥有一双巧手和一颗热爱创造的心。W从小就对服饰有着浓厚的兴趣，他梦想着有一天能够创造出能表达个性和情感的服饰。

W品牌的故事，就是从这个梦想开始的。W相信，每一件服饰不仅仅是布料和针线的组合，而是个性的象征，是每个人独特故事的载体。他决定用他的设计，让每个人都能够通过服饰来展现自己的个性和态度。

W开始了他的设计旅程，他深入研究各种文化和艺术，从中汲取灵感。他将传统的工艺与现代的设计理念相结合，创造出一系列既古典又现代的服饰。这些服饰不仅在视觉上给人以美的享受，更在精神层面上鼓励人们勇敢地追求自己的个性。

W的故事很快在小村庄里传开了，人们被他的理念吸引，纷纷前来定制服饰。W的工作室逐渐成为一个文化交流的中心，不同背景的人们在这里相聚，分享他们的故事和梦想。

随着时间的推移，W品牌的影响力逐渐扩大，它不再局限于小村庄，而是走向了更广阔的世界。W品牌开始在各大城市设立专卖店，吸引了众多追求个性和自我表达的年轻人。

W品牌的故事不仅仅是关于服饰的故事，它更是关于勇气、自我和梦想的故事。它鼓励人们不要害怕与众不同，要勇敢地追求自己的个性和梦想。W品牌的服饰成为人们表达自我、展现个性的媒介，它们不仅仅是穿在身上的衣物，更是每个人独特个性的宣言。

如今，W品牌已经成为小众服饰设计的代表，它的故事和理念激励着越来越多的人去追求自己的个性和梦想。W品牌不仅仅是一个品牌，它是一种生活态度，一种勇敢追求自我的精神。在W品牌的世界里，每个人都可以是独一无二的，每个人都可以勇敢地展现自己的个性。W品牌的故事还在继续，它将继续激励着人们，让这个世界因为个性和梦想而变得更加多彩和美好。

8.2.5 生成活动策划文案

活动策划文案是一种用于活动宣传的文案，能增强活动的吸引力和推动活动的顺利开展。在Kimi的帮助下，用户可以写出更加有创造力、针对性的活动策划文案。

用户运用Kimi生成活动策划文案时可以采用以下指令模板进行提问。

你是一位活动策划总监，请根据以下信息撰写一份活动策划文案，要求：符合×××平台的文案特性，富有创意。

活动信息：×××。

采用指令模板让Kimi生成活动策划文案的示例如下。

提问

你是一位活动策划总监，请根据以下信息撰写一份活动策划文案，要求：符合小红书平台的文案特性，富有创意。

活动信息：我们将举办一个为期3天的鲜花集市，安排了现场花束制作、插花艺术课、花艺比赛、花艺技巧讲座、创意花艺摄影比赛和花卉节等活动，目标受众是鲜花爱好者，活动期间所有产品8.5折销售，活动时间为2024年9月5日至9月7日，地点为会展中心。

Kimi

【花漾时光】鲜花集市，绽放你的美！

活动时间：2024年9月5日至9月7日

活动地点：会展中心

活动亮点：一场为期三天的鲜花盛宴，让爱花的你沉浸在花的海洋！

现场花束制作：亲手打造属于你的花束，感受每一朵花的生命力。

插花艺术课：专业花艺师带你领略插花的奥秘，让你的作品成为家中的艺术品。

花艺比赛：展示你的创意，与来自各地的花艺爱好者一决高下。

花艺技巧讲座：学习更多花艺知识，让你的花艺技巧更上一层楼。

创意花艺摄影比赛：用镜头捕捉花的美丽瞬间，记录下这美好时光。

花卉节：享受花卉带来的视觉盛宴，让心灵得到净化。

限时优惠：活动期间所有产品享受8.5折优惠，让你的花艺生活更加丰富多彩。

记录美好：分享你的花艺作品或活动瞬间到小红书，带上#花漾时光，让更多人看到你的创意与美丽。

发现美好：活动期间，会展中心将变成一个充满鲜花和创意的世界，期待你的探索与发现。

加入我们：这不仅仅是一个集市，这是一个关于美、关于创造、关于分享的社区。让我们一起，让生活更加多彩！

期待与你的相遇：在这个九月，让我们在会展中心，与鲜花和美好不期而遇。

特别提示：活动名额有限，感兴趣的朋友请尽快报名参与，让我们共同期待这场花的盛宴！

报名方式：点击链接[花漾时光鲜花集市]或扫描下方二维码。

加入我们，一起享受这场花的盛宴！

小红书专属：关注我们，获取更多活动详情和花艺灵感！

让我们在花的世界里相遇，共同创造美好回忆！

#花漾时光 #鲜花集市 #花艺体验 #创意摄影 #花卉节 #小红书活动 #爱花人聚集地 #限时优惠 #花艺爱好者 #会展中心 #小红书专属

写作案例篇

▶ 第 9 章

办公类文案的 AI 写作案例

办公类文案是指在工作中处理事务时用到的文字、图表等内容，包括招聘启事、培训手册、工作总结、会议纪要等类型。本章以文心一言为例，介绍8种办公类文案的写作方法。

9.1 用 AI 生成 PPT 内容

文心一言具备丰富的信息储备和强大的创造力，用户可以利用文心一言生成PPT主题、封面页、大标题和副标题、目录大纲以及指定的内容等，进而形成完整的PPT，相关案例如下。

扫码看视频

提问

我需要制作两节PPT，主题为多功能旅行箱产品的市场分析，请生成目录大纲，字数控制在300字以内。

文心一言

多功能旅行箱产品市场分析PPT目录大纲

第一节：市场概述

1. 行业背景与趋势

旅行箱市场的发展历程

当前市场状况与未来预测

2. 多功能旅行箱的定义与特点

产品概念及分类

与传统旅行箱相比，多功能旅行箱所具备的优势

3. 目标市场分析

消费者画像与需求

潜在市场与机会

第二节：市场分析与策略

1. 竞争格局分析

主要竞争对手与市场份额

竞争策略与优劣势对比

2. 市场机会与挑战

市场需求增长潜力

行业面临的主要挑战

3. 市场营销策略

产品定位与差异化策略

推广与销售渠道选择

价格策略与成本控制

4. 未来发展展望

技术创新与产品升级方向

市场扩张与国际化战略

9.2 用 AI 生成招聘启事

对于有招聘需求的企业来说，招聘是广纳人才的有效途径。通过招聘启事上的信息，企业可以找到需要的人才，求职者也可以有针对性地找到满意的工作。在文心一言的帮助下，用户可以轻松获得特定岗位的招聘启事，相关案例如下。

扫码看视频

提问

K公司主营儿童面霜业务，为了更好地推广KK品牌儿童面霜，急需招聘3名广告业务专员，请结合广告业务专员的技能，帮K公司写一份招聘启事，字数850字以内。

文心一言

KK儿童面霜广告业务专员招聘启事

一、公司简介

K公司，一家专注于儿童护肤产品研发与市场推广的知名企业。我们秉承"天然呵护，关爱成长"的理念，致力于为广大儿童提供高品质、安全、有效的护肤产品。其中，KK品牌儿童面霜凭借其独特的配方和卓越的品质，赢得了市场的广泛认可。为了进一步扩大品牌影响力，现面向社会公开招聘3名广告业务专员，共同助力KK品牌儿童面霜的推广。

二、岗位职责

1. 负责KK品牌儿童面霜的广告策划与执行，确保广告内容符合品牌理念和市场需求；

2. 分析市场动态，挖掘潜在消费者需求，制定有效的广告策略；

3. 与广告合作方保持良好沟通，确保广告计划的顺利推进；

4. 跟踪广告效果，收集数据并分析，为广告优化提供依据；

5. 参与各类市场活动，提高品牌知名度和美誉度。

三、任职要求

1. 本科及以上学历，市场营销、广告学、传播学等相关专业优先考虑；

2. 热爱广告行业，对市场营销和品牌推广有浓厚兴趣；

3. 具备1年以上广告业务或相关领域工作经验，熟悉广告业务流程；

4. 具备良好的沟通能力和团队协作能力，能够与不同部门和合作方有效沟通；

5. 具备较强的分析能力和创新能力，能够根据市场变化及时调整广告策略；

6. 熟练运用常用办公软件和广告设计软件，如PowerPoint、Photoshop等；

7. 有儿童护肤品牌或快消品行业广告推广经验者优先。

四、我们提供

1. 具有竞争力的薪酬待遇和完善的福利体系；

2. 广阔的职业发展空间和丰富的培训资源；

3. 轻松愉悦的工作氛围和充满挑战的工作机会；

4. 优秀员工将有机会获得国内外旅游、进修等福利。

五、应聘方式

有意者请将个人简历、学历证明、工作经历等相关资料发送至公司招聘邮箱（××@××.com），邮件主题请注明"广告业务专员应聘-姓名"。我们收到简历后会尽快与您取得联系，安排面试。

六、截止日期

本招聘启事自发布之日起生效，截止日期为××月××日。

K公司期待您的加入，与我们一起为儿童的健康成长贡献力量！

K公司

地址：[公司地址]

联系电话：[公司电话]

官方网站：[公司官网]

　　在文心一言生成招聘启事后，用户还可以将自身公司的情况和对招聘人员的要求提供给文心一言，让文心一言生成更有针对性、可行性的招聘启事。

9.3 用 AI 生成培训手册

扫码看视频

　　大多数企业作为一个团体组织，都会有自己的企业文化、发展规划、行事准则等，以确保企业能够稳定、持久地发展下去。因此，企业会通过发放培训手册的形式对员工进行培训，传播企业文化和行事规则等，同时提高员工的工作积极性。运用文心一言，企业能够获得比较全面、有针对性的培训手册，相关案例如下。

提问

请你充当汽车配件公司的人力资源部门经理，根据公司的岗位职责、项目特征、战略目标等生成一份员工培训手册，字数在500字以内。

文心一言

汽车配件公司员工培训手册

一、岗位职责

生产员工：熟练掌握配件生产流程，保证产品质量与生产效率。

技术人员：负责设备维护与技术创新，提升生产自动化水平。

销售人员：了解客户需求，推广公司产品，达成销售目标。

二、项目特征

高精度要求：汽车配件须达到严格的质量标准。

快速响应：根据市场需求及时调整生产计划。

团队协作：多部门协同工作，确保项目顺利进行。

三、战略目标

技术创新：持续投入研发，提升产品竞争力。

市场拓展：开拓国内外市场，扩大品牌影响力。

人才培养：打造高素质团队，为公司长远发展提供有力支持。

四、培训内容

基础知识：包括公司文化、产品知识、安全生产等。

技能培训：针对不同岗位，提供专业技能培训。

团队协作：加强部门间沟通协作，提升团队凝聚力。

五、培训方式

内部培训：由公司内部专家授课。

外部培训：参加行业研讨会、培训班等。

在线学习：利用网络平台进行自主学习。

请员工们积极参与培训，共同为公司的发展贡献力量。

以上示例是在未提供企业信息的情形下获得的培训手册，实际上，每个企业都有各自独特的文化价值、战略目标与岗位要求，因此用户在正式提问时，可以在指令中加入企业的信息，让文心一言生成实际有效的培训手册。

9.4 用AI生成工作总结

在工作场景中，工作总结发挥着评估团队和个人工作情况、提高团队工作质量和个人工作能力的作用，同时还能够指导未来的工作。

▶ 扫码看视频

撰写工作总结往往在技巧上没有难度，但需要耗费大量的时间和精力，也十分考验人的总结能力和分析能力。此时，文心一言可以帮助用户快速梳理工作，从而提高撰写工作总结的效率，相关案例如下。

提问

请根据以下内容写一份"5~6月试用期"的工作总结，字数在400字以内。

1.工作进展

5月，学习抖音号的运营技巧，入门抖音号运营，熟练使用Photoshop、剪映、Excel等软件，可以独立制作图文内容和视频。

6月，独立运营公司的抖音号，每日更新四条视频，每条视频的点赞数据均超过5000。

2.未来工作目标

继续结合目标受众，提高抖音号视频的播放量、点赞量等数据；深入学习品牌宣传视频文案的创作技巧，协助品牌推广；加强团队协作、交流与沟通。

文心一言

5~6月试用期工作总结

在为期两个月的试用期内，我积极投入工作，取得了一定成效。5月，我专注于学习抖音账号的运营技巧，熟练掌握了Photoshop、剪映、Excel等软件的运用，为独立制作图文内容和视频打下了坚实基础。进入6月，我独立负责了公司抖音号的日常运营，每日更新四条视频，且每条视频的点赞量均超过5000，有效提升了账号的活跃度。

展望未来，我将继续结合目标受众，优化视频内容，提高抖音号的播放量、点赞量等数据。同时，我还计划深入学习品牌宣传视频文案的创作技巧，以协助品牌推广工作。此外，我将加强团队协作、交流与沟通，推动工作更上一层楼。

9.5 用 AI 生成电子邮件

　　电子邮件是工作中常见的沟通工具之一，借助电子邮件，用户可以完成信息传递、向上级报告项目进展、与客户进行交流等工作。为了更快地完成电子邮件的写作，用户可以向文心一言说明电子邮件的主题和对象，让文心一言根据需求描述进行生成，相关案例如下。

▶ 扫码看视频

提问

请根据以下信息帮我写一封电子邮件，要求格式准确、条理清晰、要点突出，字数在400字以内。

主题：公司新品介绍和优惠

收件人：W客户

内容：公司近期推出了新款迷你电风扇，小巧轻便，方便随身携带，适合多种场景使用，静音效果好，节能又环保。在2025年7月20日前订购可以享受老客户独家优惠：买一台立减5元，买三台送一把定制扇子。

发件人：Y公司销售经理 Joy

日期：2025年6月20日

 文心一言

主题：公司新品迷你电风扇介绍及专属优惠活动通知

尊敬的W客户：

您好！

我代表Y公司，很高兴向您介绍我们最新推出的迷你电风扇。这款电风扇设计小巧轻便，便于随身携带，是您办公、旅行、户外活动等多种场合的理想选择。它不仅具备出色的静音效果，还能在为您带来清凉的同时，实现节能与环保。

为了答谢广大老客户的支持，我们特别为您准备了限时优惠活动。在2025年7月20日前订购新款迷你电风扇，您可以享受到老客户的独家优惠：单台购买立减5元，购买三台更可获赠一把定制扇子。

我们诚邀您体验这款新品，并希望您能在享受优惠的同时，感受到我们的诚意与用心。如有任何疑问或需要了解更多信息，请随时与我们联系。

期待您的回复！

此致

敬礼！

Y公司销售经理Joy

日期：2025年6月20日

9.6 用 AI 生成通知

通知是企业、事业单位用于发布信息、传达资讯的一种文体，发挥着传递信息、传达决策的作用。在文心一言的帮助下，用户可以提高撰写通知的效率、准确性和全面性，从而让通知有效地发挥它的作用，相关案例如下。

扫码看视频

提问

请根据以下内容写一则通知，要求格式规范、条理清晰、重点突出，字数控制在450字以内。

G公司将于2025年6月21日至6月23日进行为期3天的写作技能培训，第一天为写作核心技能培训，第二天为写作素养与储备培训，第三天为培训内容考核。培训地点在公司6楼，全体职员都需要参

与，通知时间为2025年6月15日。

文心一言

G公司写作技能培训通知

尊敬的G公司全体员工：

为提升公司员工的写作技能，加强团队整体素养，现将组织为期3天的写作技能培训。请各位同事予以关注并准时参加。

一、培训时间

2025年6月21日至2025年6月23日，共计3天。

二、培训内容

第一天：写作核心技能培训，内容包括写作技巧、文章结构等。

第二天：写作素养与储备培训，涵盖阅读积累、素材搜集等内容。

第三天：培训内容考核，检验学习成果，并进行互动交流。

三、培训地点

公司6楼会议室。

四、参与人员

公司全体职员。

请各位同事合理安排时间，确保全程参与培训。此次培训是提升个人能力和公司整体水平的重要机会，望大家珍惜机会，积极参与。

特此通知！

G公司行政部

2025年6月15日

9.7 用 AI 生成会议纪要

扫码看视频

会议纪要是会议的记录和凭证，好的会议纪要可以清晰、准确地记录会议内容，并为用户提供指导。一般而言，撰写会议纪要需要遵循一定标准，按照统一的格式进行，借助文心一言的力量，可以帮助用户更快、更好地完成会议纪要的写作，相关案例如下。

提问

假设你是一名会议记录员，请根据以下信息写一篇会议纪要，要求结构清晰、要素齐全，字数在300字以内。

会议议题：探讨市场拓展计划

参会人员：王总、林总监、黄主管、市场团队代表C、员工D

会议发言：

1.王总介绍会议的目的，希望通过讨论得出最优的市场拓展计划，让各部门汇报当前进展。

2.林总监指出，可以加强合作策略，并督促员工按质按量完成工作。

3.黄主管认为，可以提高资源分配力度。

4.市场团队代表C和员工D也分享了自己的经验和看法，汇报了当前工作进展，认为可以根据任务难易程度，合理制订市场拓展计划。

5.经过讨论，综合多方建议，一致认为可以从以下方面入手优化市场拓展计划：①制订明确的工作计划，②对任务进行难易程度排序，③安排好工作时间和休息时间。

会议落实：

1.林总监负责制定市场拓展计划模板，分配任务。

2.黄主管负责明确责任人，检查和监督大家执行市场拓展计划。

3.市场团队代表C确定市场拓展方向，设立时间表，确保计划顺利实施。

会议日期：2024年11月26日

文心一言

会议纪要

会议日期：2024年11月26日

会议议题：探讨市场拓展计划

参会人员：王总、林总监、黄主管、市场团队代表C、员工D

会议内容：

1. 王总开场。明确会议目的，强调须得出最优市场拓展计划，并要求各部门汇报当前进展。

2. 林总监发言。提出加强合作策略，确保工作按质按量完成。

3. 黄主管建议。建议提高资源分配力度，以支持市场拓展计划的实施。

4. 市场团队代表C与员工D分享。根据任务难易，合理制订市场拓展计划，并汇报当前进展。

5. 综合讨论。一致同意从制订明确计划、任务排序、时间安排三方面优化市场拓展计划。

会议落实：

林总监负责市场拓展计划模板制定及任务分配。

黄主管明确责任人，监督市场拓展计划执行。

市场团队代表C确定拓展方向，设立时间表，确保计划实施。

9.8 用 AI 生成邀请函

邀请函是一种正式的书面文件，通常用于邀请个人或团体参加特定的活动、仪式、庆典、会议或其他重要的场合。这种文书旨在传达邀请者的真诚邀请，并给受邀者提供所需的关键信息。用户可以给文心一言提供相关的信息，让文心一言生成一封邀请函，相关案例如下。

提问

请根据以下信息，生成一份R公司5周年庆典的请柬，要求：格式规范，措辞真挚诚恳、文雅兼备。R公司是一家经营不粘锅出口业务的公司，2025年6月16日是公司成立5周年的日子，于是决定这一天在××酒店5楼举办周年庆典，时间为晚上6点至9点，庆典安排了互动游戏、烹饪比赛、文化表演、颁奖典礼和董事长发言等活动，现在需要给老客户Z先生写一封邀请函，希望他可以着正装出席庆典，如果有事无法前来，可以回复邮件进行说明。

文心一言

R公司五周年庆典邀请函

尊敬的Z先生：

您好！

时光荏苒，岁月如梭。R公司自创立以来，已走过五个春秋。在这五年里，我们始终秉持着"质量为本，客户至上"的经营理念，深耕不粘锅出口领域，力求将最优质的产品和服务呈现给全球客户。值此公司成立五周年之际，我们诚挚地邀请您参加我们于2025年6月16日举办的五周年庆典活动。

庆典将于当晚6点至9点在××酒店五楼隆重举行。我们精心准备了丰富的活动内容，包括激动人心的互动游戏、别开生面的烹饪比赛、精彩纷呈的文化表演，以及隆重的颁奖典礼。我们诚挚地希望您能够亲临现场，共同见证R公司五年来的成长与辉煌。

在此，我们特别提醒您，庆典为正式场合，请您着正装出席，以便更好地融入庆典的热烈氛围。您的出席将是我们的荣幸，我们将倍感珍惜。

若因故无法出席，烦请回复本邮件告知我们，我们将对您的缺席表示理解，并期待在不久的将来再次与您相聚。

感谢您一直以来对R公司的支持与厚爱，我们期待在庆典上与您共襄盛举，共创美好未来！

R公司全体员工 敬邀

××××年××月××日

▶ 第 10 章

新媒体类文案的 AI 写作案例

随着新媒体行业的迅猛发展，越来越多的用户选择成为一名新媒体创作者，在微信公众号、小红书、知乎和抖音等各大平台上发表自己的看法。本章以通义为例，介绍如何让AI帮助大家轻松完成新媒体文案的创作，从而保证账号的稳定更新。

10.1 用 AI 生成公众号文章

在新媒体领域，公众号文章扮演着重要角色，对于传播思想、传达信息和分享干货等具有重要的作用。写作一篇公众号文章需要经过选题、大纲、初稿、修改、定稿等环节，用户往往会耗费大量的时间和精力，而在通义的帮助下，用户可以获得更多的选题灵感，从而提高写文章的效率，更好地发挥公众号文章的作用，相关案例如下。

扫码看视频

👤 提问

假设你是拥有多年公众号运营经验的新媒体工作者，请以"年轻人早睡早起的方法"为主题，写一篇公众号文章，并适当加入一些具体的案例，增强观点的说服力和对受众的感染力，要求字数在300字以内。

通义

标题：【早安秘籍】如何让年轻人爱上早睡早起？

早睡早起，听起来像是老生常谈，但在快节奏的生活中，这四个字却成了不少年轻人的奢望。今天，我们就来聊聊如何让年轻人爱上早睡早起。

案例一：小明，一位程序员，曾因熬夜工作身体亮起了红灯。他开始尝试调整作息，每天晚上10点放下手机，进行冥想或阅读，早上6点起床做运动。几个月后，他的精神状态明显好转，工作效率也提高了。

案例二：小华，一名大学生，她通过设定闹钟来提醒自己准备睡觉，同时在睡前进行轻松的拉伸，帮助身体放松。早上醒来后，她会立即拉开窗帘，让阳光唤醒自己，再准备简单的早餐，开启活力满满的一天。

早睡早起习惯的养成并非一蹴而就，需要我们逐步调整生活习惯，找到适合自己的方法。比如设定固定的睡眠时间，创造一个舒适的睡眠环境，避免晚上过度使用电子设备等。相信只要你坚持，就能感受到早睡早起带来的美好变化。

记住，你的健康，才是你最宝贵的财富。让我们一起，向更健康的生活迈进！在这个快节奏的时代，熬夜似乎成了年轻人的"标配"，但在这场与黑夜的无休止拉锯战中，我们正悄悄透支着最宝贵的财富——健康。

在上述示例中，赋予通义一定的身份可以让它生成的答案更为专业；在提出需求时，用户应明确公众号文章的主题，并将主题提供给通义，让通义生成有针对性的文章；用户还可以结合实际的需求和受众喜好进行追问，让通义优化公众号文章。

10.2 用 AI 生成小红书笔记

小红书以笔记的形式传递信息、传播观点，是受欢迎的新媒体平台之一。在特定的指令下，通义也可以生成小红书笔记，让用户能够轻松运营账号并保持更新，相关案例如下。

扫码看视频

🧑 提问

假设你是一位拥有百万粉丝的小红书育儿博主，以"如何正确应对孩子发脾气"为主题，创作一篇小红书爆款笔记。

通义

标题：宝贝闹情绪？解锁温柔又高效的应对秘籍！

正文：

Hey，宝妈宝爸们，今天来聊聊那个让咱们既头疼又心疼的场景——宝贝发脾气！

你是不是也常感无助，不知所措？别担心，先抱抱。这里有几招超实用的应对小技巧，让我们一起成为帮助孩子管理情绪的超级英雄吧！

1. 深呼吸，保持冷静

首先，记得咱们是大人，要给孩子做个好榜样！当宝贝开始"火山爆发"，咱们先做几次深呼吸，冷静下来。这样不仅能帮助自己不被情绪带走，也能为孩子营造一个平和的氛围。

2. 理解与共情

试着走进孩子的世界，了解他们为什么会发脾气。可能是因为累了、饿了，或者是因为无法表达的挫败感。请蹲下身来，温柔地问："宝贝，你现在是不是很难过（生气）？"让他们感受到被理解。

3. 教他们表达

引导孩子用语言而非哭闹来表达感受。可以说："如果你生气，可以告诉妈妈'我生气了'。"这不仅能帮助他们发展情绪语言，也是培养情商的第一步！

4. 设定界限，温柔执行

设立清晰的规则，比如："我知道你想继续玩，但现在已经到了睡觉时间。"即使孩子哭闹，也要温柔而坚定地执行。让孩子明白，有些事情哭是解决不了的。

5. 分散注意力

转移注意力是个小妙招！当孩子因为某事不开心时，快速引导他们关注其他有趣的事情。比如："看那边的小狗好可爱，我们去看看！"

6. 事后拥抱与回顾

风波过后，给孩子一个大大的拥抱，让他们知道无论怎样你都爱他们。之后找个合适时机，平静地讨论刚才发生的事，教会他们更好的处理方式。

记住，每个孩子都是独一无二的，找到最适合你们的方式才是关键！让我们一起加油，陪伴宝贝健康成长，让每一次挑战都变成成长的契机！

最后，别忘了给我留言分享你的小故事或成功经验哦！我们一起交流，共同进步！

#育儿经 #情绪管理# 亲子教育

后续用户还可以要求通义修改小红书笔记，如增加真实的案例、推荐好用的技巧等，增加笔记的吸引力。

10.3 用 AI 写知乎内容

扫码看视频

知乎也是用户进行思想传播和观点交流的重要平台，人们喜欢在知乎上就一些提问发表看法，也会带着问题去阅读文章。对于用户而言，想要创作一些专业的内容并不是一件容易的事，它需要用户有知识的积累和深刻的思考，但在通义的帮助下，撰写出专业性的、能够引起人共鸣的文章便不再是难事，相关案例如下。

提问

假设你是知乎平台上一位知名的专栏作家，擅长情感领域，请用情感咨询师的专业角度，对以下问题进行解答。

问题：如何让爱情保鲜？

通义

在爱情的长跑中，让感情保持新鲜和活力，是一项富有挑战的任务。作为情感领域的专栏作家，我想分享几个基于专业视角的建议，帮助情侣们在关系中持续发现彼此，深化情感的联结。

1. 保持沟通的深度与广度：有效的沟通是爱情保鲜的关键。情侣可尝试定期进行深入交流，不仅仅是对日常琐事的交流，更要分享彼此的梦想、恐惧、希望以及个人成长的体验。这种深层次的交流能够增加彼此的理解和共鸣。

2. 共同创造新经历：新鲜感往往来源于双方未曾共同经历的事。可以是一次探索未知地方的旅行，学习一项新技能，或是参与对方感兴趣的活动。共同的经历能为你们增添新的回忆，促进情感交流。

3. 保持独立性与自我成长：在爱情中保持一定的独立性，鼓励彼此追求个人兴趣和职业发展。个人的成长不仅能让自我更加丰富，也为关系带来新鲜的元素。当双方都能从对方那里学到新东西时，关系自然充满活力。

4. 表达感激与赞赏：不要吝啬于表达你对伴侣的感激和赞赏，哪怕是小事。经常性的正面反馈能够让对方感受到被看见和被珍视，这是维持情感温度的重要燃料。

5. 保持身体接触与亲密感：身体的接触，如拥抱、亲吻和牵手，都是增强情感连接的有效方式。定期安排约会夜或亲密时刻，不仅能增进感情，也能让双方感受到爱情中的浪漫与激情。

6. 解决冲突的智慧：冲突在任何关系中都是不可避免的，关键在于如何处理。采用积极倾听、以"我们"而非"你、我"为出发点来解决问题，避免指责和负面言语，这样可以将冲突转化为加深理解的机会。

7. 保持幽默感：笑是最好的压力释放剂。在关系中保持幽默感，用轻松愉快的方式面对生活中的小挫折，能够大大提升双方的幸福感和相互之间的吸引力。

记住，每段关系都是独一无二的，找到适合你们两个人的保鲜之道，才是最重要的。在这个过程中，保持开放的心态，勇于尝试，同时也要有耐心和同理心，因为真正的爱情，是在时间的见证下，慢慢发酵，愈发醇厚的。

10.4 用 AI 生成播客内容

公众号文章、小红书笔记和知乎内容都是以视觉性内容为主的新媒体文案，播客内容则是以听觉内容为主的新媒体文案。播客类似于电台，通过声音传播文字内容、信息和观点，是快节奏时代发展的衍生物。

▶ 扫码看视频

虽然传递方式、接收感官不同，但文本的实质却是相同的，对于播客来说，内容同样重要。通义可以帮助用户梳理逻辑和理清思路，从而撰写更为清晰、完整的播客内容，相关案例如下。

🙎 提问

假设你是一个经验丰富的播客运营者，正在运营一个读书分享播客，请以如何有效阅读一本书为主题来撰写一期播客内容，字数在300字以内。

📐 通义

欢迎来到本期读书分享播客，我是你们的主播。今天，我们探讨的是每位书海遨游者的必修课——如何有效阅读一本书。阅读，不仅是眼球扫过文字那么简单，它是一场与作者跨时空的对话，一次心灵的深度旅行。那么，怎样才能让这次旅行既充实又高效呢？首先，明确阅读目的。是为消遣，还是为求知？不同的目的决定了不同的阅读策略。比如，消遣阅读可能更注重情感体验和想象力的激发；而求知阅读，则侧重信息提取和理解。

其次，预览全书。通过阅读封面、序言、目录和结尾，快速构建书籍框架。这如同拿到地图，能让你在正式阅读前对这次"旅途"有个大致规划。

接下来，主动阅读。边读边思考，用笔做标记，写下疑问或感悟。积极与文本对话，这样的阅读才深刻而有效。

此外，学会跳读与精读相结合。对于核心观点、难解之处，不妨放慢速度，细细品味；而对于辅助说明或已熟知的内容，则可适当加速，避免时间浪费。

最后，不要忘了输出。阅读之后，尝试用自己的话总结内容，或是与他人分享读后感，甚至写一篇书评。输出是检验阅读成果的最佳方式，也是深化理解的过程。

记住，有效阅读不仅关乎速度，更重要的是质量与深度。希望今天的分享能让你的阅读之旅更加丰富多彩。我们下期节目再见！

播客内容一般以个人观点分享为主，因此用户若有自己关于某个话题的见解和观点，可以提供给通义，让通义帮助梳理逻辑、开阔思路。

10.5　用 AI 生成今日头条文案

今日头条是一个集新闻资讯和社交功能于一体的新媒体平台，而头条号文案就是发布于今日头条平台上的文字内容。头条号文案的内容主要以新闻资讯为主，但用户也可以发布其他符合《今日头条社区规范》，并且有信息量、主题鲜明、逻辑严谨或图文并茂的内容。

用户在让通义生成头条号文案时，要明确文案的主题，并在指令中提供相关信息，方便通义围绕主题进行创作，相关案例如下。

提问

请以今日头条平台的文案风格写一篇400字左右的文章，主题为"夏日清凉穿搭分享"，内容包括吸引人的标题和开头、穿搭技巧、结尾的互动环节。

通义

【标题】炎炎夏日，你的清凉穿搭秘籍，让时尚与舒适并存！

【正文】

夏日的阳光炽热，空气中弥漫着慵懒的气息。在这个季节，如何既保持清凉自在，又能展现个人魅力，成为每个追求时尚人士的必修课。今天，就让我们一起探索夏日清凉穿搭的小技巧，让你在炎炎夏日中，也能成为街头最亮眼的存在。

首先，选择透气性好的面料是关键。棉麻、丝绸等天然材质，不仅触感柔软，而且吸汗透气，是夏日穿搭的理想选择。一件简约的亚麻衬衫搭配宽松的棉质短裤，可以轻松打造出清新自然的风格。

其次，色彩的选择也至关重要。明亮的色彩如薄荷绿、天蓝色等，不仅能给人带来视觉上的清凉感，还能提升整体造型的活力。大胆尝试一些撞色搭配，比如黄色上衣与蓝色短裙的组合，让夏日的你更加抢眼。

最后，配饰的点缀也不可忽视。一顶宽边草帽不仅能有效防晒，还能增添几分度假风情；一双简约的凉鞋，既方便又舒适，完美适应各种场合。记住，少即是多，选择一两件有特色的配饰，就能让整体造型瞬间升级。

【结尾与受众互动】

这个夏天，让我们一起用智慧和创意，打造属于自己的清凉穿搭。你有哪些夏日穿搭的小秘诀呢？欢迎在评论区分享你的穿搭经验，让我们一起成为夏日里的时尚达人吧！别忘了，关注我，获取更多时尚资讯，让我们在追求美的道路上，携手前行！

#夏日清凉穿搭##时尚分享##夏日时尚#

以上文案模拟了今日头条平台的文案风格，注重标题的吸引力和内容的实用性，同时通过互动环节增加读者参与感，旨在吸引更多用户关注和讨论。

用户也可以先给通义提供一些爆款头条号文案的实例，然后让通义分析这些文案的特点，再提出实际的需求，让通义结合爆款文案特点生成头条号文案。

10.6 用 AI 生成微博文案

微博是一个用户实时分享信息、传播话题、讨论与交流的社交媒体，能够满足用户关注实时资讯、即时分享信息、交友互动的需求，而微博文案是指发布于微博平台的文字内容。需要注意的是，如果微博文案的字数比较多，那么部分文案会被折叠，从而不能直接被受众阅读，影响文案的传播效果。因此，用户在让通义生成微博文案时，最好对字数进行限制，尽量用比较简短的话语传达主题思想，相关案例如下。

扫码看视频

⌨ 提问

请提供两条主题为遮瑕盘推广的幽默风格微博文案，每条文案不超过120个字。

通义

当然，为遮瑕盘撰写幽默风格的微博文案可以这样来构思：

1. "人生如戏，全靠演技；脸上的痘印，全靠遮瑕盘给力！有了这款遮瑕神器，就算熬夜追剧到天明，第二天也能自信出门，让肌肤瑕疵说拜拜！不信？来试试，让你的肌肤也演个'无瑕'角色！#遮瑕盘#熬夜救星#肌肤无痕"

2. "遮瑕盘在手，瑕疵哪里走？想要成为朋友圈里的'素颜女神'？别怕，我们有秘籍！只需轻轻一抹，斑点痘痘都不见，同事夸你天生丽质，只有你知道背后的'小心机'！轻松获得完美底妆，从选对遮瑕盘开始！#美妆分享#遮瑕达人#女神养成记"

这两条文案都尽量保持了幽默和轻松的基调，同时突出了遮瑕盘的产品优势。

用户还可以给通义提供更多有关微博文案的信息，如增加案例来说明观点、加入段子来营造轻松的氛围等，达到让通义生成更有吸引力和影响力的微博文案的目的。

10.7　用 AI 生成豆瓣书评

扫码看视频

在豆瓣平台上，书评是一种比较常见的文章形式，承担着图书推广与传播的功能。而要想有效地发挥书评的作用，用户需要具备独到的见解、较强的文字表达能力和写作能力，因此书评的写作门槛比较高。不过，在通义的帮助下，用户可以高效地完成豆瓣书评的写作工作，相关案例如下。

提问

请根据豆瓣书评的风格，为《飘》这本书写一个专业的书评，并拟一个有吸引力的标题，不超过200字。

通义

标题：乱世佳人，情深似海——《飘》：一部跨越时空的爱情史诗

书评：

《飘》，玛格丽特·米切尔的传世之作，不仅是一幅描绘美国南北战争与重建时期社会变迁的历史画卷，更是一曲关于爱情、生存与自我救赎的壮丽交响乐。斯嘉丽·奥哈拉，这位性格复杂、坚韧不拔的女性，以其对命运的抗争和对爱情的执着，成为文学史上令人难忘的经典角色。

小说以细腻的笔触，展现了战争给人们生活带来的巨大冲击，以及在逆境中人性的光辉与阴暗面。斯嘉丽与瑞德·巴特勒之间的爱恨纠葛，如同一场情感的风暴，让人既感同身受又唏嘘不已。而那句"明天又是新的一天"，则成为无数人心中的力量源泉，激励着人们面对困难永不言弃。

《飘》不仅是一部关于爱情的小说，它更深刻地探讨了个人与时代的关系，以及在历史洪流中个体如何寻找自己的位置。这是一部能够跨越时空，触动每一代读者心灵的伟大作品，值得每个人细细品味。

10.8 用 AI 生成大鱼号文案

大鱼号是阿里大文娱旗下的内容创作平台，为用户提供内容创作支持、创作收益获取与原创保护等服务，而大鱼号文案是指发布于大鱼号平台的文字内容。如果用户想获得内容更丰富、实用性更强的文案，那么在编写指令时就要将文案的大概内容和写作形式进行说明，还可以通过举例让通义了解自己所需要的内容风格，相关案例如下。

▶ 扫码看视频

🧑 提问

请以大鱼号平台的文案风格写一篇200字以内的文章，主题为"实用的电商广告文案写作技巧分享"，内容包括：有吸引力的开头、实用的技巧分享、结尾的互动环节。

要求：标题需要符合网络传播特性，主体内容用"一、二、三"的形式进行要点罗列，语言风格要更亲切、日常一些。

🅥 通义

标题：电商广告文案高手秘籍！让你的产品瞬间吸睛

一、开篇就要撩人心弦！

想象一下，你正逛着商场，突然一个广告牌让你停下脚步。这就是理想的广告效果！从一个引人入胜的故事或问题开始，让读者的好奇心瞬间被点燃。

二、技巧1：勾勒出理想场景

人们爱做梦，对吧？描述一个使用你产品后的美好画面，比如："想象一下，清晨阳光洒在你精心布置的卧室，一杯香浓咖啡，一本好书，这就是我们的家具带给你的惬意生活。"

三、技巧2：数据说话，增强信任感

"90%的用户反馈说，用了我们的面膜后皮肤更加水润！"用事实和数字来支持你的产品，让人觉得这不是空谈，而是实打实的效果。

四、结尾互动，让读者参与进来

别忘了邀请读者参与讨论，可以留下一个小问题："你最希望解决的肌肤问题是什么呢？留言告诉我，说不定下一款产品就是为你量身定做的哦！"

记得，文案不仅仅是文字游戏，它是与人心灵的对话。让我们一起成为文案大师吧！

#电商文案#广告技巧#互动营销

10.9 用 AI 生成行业软文

行业软文是指围绕不同行业的产品或服务进行宣传推广、信息分享等的文字内容。常见的行业软文有汽车类软文、数码类软文、房产类软文、旅游类软文等。

在运用通义创作行业软文时，首先需要确定发布的新媒体平台，不同平台受众的喜好不同，并且有不同的语言风格和排版需求；其次是尽量使用简洁、有说服力的语言，能起到良好的宣传效果；然后是定期更新产品的宣传资料，让人们了解最新的动态，相关案例如下。

🧑 提问

我经营了一家汽车养护店，请帮我以软文的风格写一篇400字的文章，主题为"汽车养护避坑指南分享"，内容包括：有吸引力的标题、养护的方法、分享原因、结尾的互动环节。要求：符合抖音平台的文案特性和受众喜好。

🔷 通义

【独家揭秘！老司机都不一定知道的汽车养护秘籍】

亲爱的车友们，你们是否曾经因为汽车的小毛病而头疼？是否因为高昂的维修费而心痛？今天，就让我来拯救你的钱包和爱车吧！

首先，定期检查是王道！别等到车子罢工才想起它的好。每月一次的小检查，比如检查轮胎气压、刹车片厚度、机油量等，能让你的爱车始终保持最佳状态。

其次，选择合适的机油很关键！不是越贵越好，适合才是硬道理。了解你的车型，选择制造商推荐的机油类型，这可是延长发动机寿命的秘密武器哦！

再者，不要忽视清洁保养！内饰、外观定期清洁，不仅能保持新车感，还能及时发现潜在问题，比如生锈、漆面损伤等。

最后，学会倾听汽车的声音。异响、振动都是车辆发出的求救信号，及时响应，避免小问题变成大故障。

分享这些小技巧，是因为我经历过从新手到老司机的成长之路，希望帮助更多车友少走弯路，享受驾驶的乐趣。

现在，轮到你了！在评论区分享你的汽车养护小妙招，让我们一起成为更懂车的达人吧！

#汽车养护 #老司机秘籍 #省钱攻略

10.10 用AI生成直播脚本文案

直播脚本文案是指对直播活动中的各个流程进行合理规划后形成的文稿，这类文案能够帮助用户有秩序地进行直播活动，从而顺利地完成直播任务。一般来说，直播活动分为游戏直播、泛娱乐直播和电商直播这3种类型，用户运用通义生成直播脚本文案时，可以结合直播活动的类型来编写指令，相关案例如下。

扫码看视频

提问

请根据电商带货直播的流程，策划一场主题为"零食专场，带你重温童年的味道"的直播活动，要有具体的流程安排，字数在200字以内。

通义

直播活动名称："回味童年，零食大放送"专场

活动流程策划

1. 预热阶段（18:30～19:00）

开播前15分钟，用怀旧动画片片段作为背景，营造童年氛围。

主播出场，简短介绍本次"零食专场"主题，预告即将上架的童年经典零食及独家优惠。

互动暖场：让观众在弹幕中分享自己最难忘的童年零食，随机抽取几位赠送小礼品。

2. 开场互动（19:00～19:15）

主播现场试吃第一批零食（如辣条、跳跳糖、干脆面等），边吃边分享童年趣事，引导观众回忆童年。设置快速问答环节，问关于童年零食的小知识，答对者获得折扣券。

3. 产品展示与促销（19:15～20:30）

分时段详细介绍每款零食的特点、原价与直播特惠价，展示包装、口味等选择。

实时互动：邀请品牌方代表或神秘嘉宾共同试吃，分享零食背后的故事，增加信任感。

每半小时设置一次"限量秒杀"活动，激起观众的购买欲望。

4. 游戏互动环节（20:30～21:00）

"猜猜我是谁"：主播描述童年零食特征，观众猜名称，最快答对者获得零食大礼包。

"童年故事分享"：鼓励观众分享自己的童年零食故事，评选最动人故事，送出特别奖品。

5. 直播收尾（21:00～21:15）

总结回顾本场直播亮点，感谢品牌方的配合与观众的支持。

提醒未下单的观众抓紧时间，介绍售后服务及快递信息。

宣布下一场直播预告，邀请观众关注订阅。说完温馨结束语后，以童年经典歌曲作为背景，缓缓退场。

通过精心设计的流程，不仅让观众享受购物乐趣，同时沉浸在美好的童年回忆中，提升直播的互动性和观众的观看体验。

10.11 用 AI 生成直播封面文案

扫码看视频

直播封面文案是指在直播海报或直播主页上显示的文字内容。通常情况下，直播封面文案的特点是文字简短、能够高度概括和凝练主题、对受众有吸引力，如"揭秘直播带货的秘密"。用户在运用通义生成直播封面文案时，可以让通义融入修辞手法，使文案更具创意性和吸引力，相关案例如下。

🧑 提问

直播封面文案的特点是文字简短、能够高度概括和凝练主题、对受众有吸引力，请根据这些特点，提供两个主题为夏季丝巾推荐的直播封面文案，要求：1. 用词更具新颖、独特性；2. 适当加入隐喻、用典等修辞手法。

通义

1. "夏日颈间微风——织梦丝语轻盈缠绕你，温柔抵抗炎夏。"

这句文案通过将夏季丝巾比作"颈间的微风"和"织梦丝语"，既传达了产品带来的清凉感受，又赋予了丝巾梦幻与诗意，隐喻着它能为佩戴者带来一抹不凡的夏日风情，抵抗炎炎夏日的同时，也缠绕着专属的温柔与优雅。

2. "艳阳下的流动诗篇——夏日绮梦，丝巾轻舞，为你披上隐形的防晒羽翼。"

此文案运用了"流动诗篇"和"夏日绮梦"的意象，强调丝巾不仅是实用的配饰，更是夏日一抹灵动的艺术。"隐形的防晒羽翼"的比喻，不仅体现了丝巾的实用性——防晒，还巧妙地将其描述为一种轻盈而神秘的保护，让人联想到穿戴后能抵挡烈日、自由飞翔于夏日阳光之下的美好体验。

10.12 用 AI 生成直播预热文案

扫码看视频

　　直播预热文案是指在直播活动开始之前对直播进行宣传、推广的文字内容。这类文案有两大呈现方法，一是在将要直播的平台上进行内容发布；二是在直播平台之外的其他平台上进行内容发布，不同的呈现方式决定着直播预热文案的语言风格。

　　以抖音直播为例，直播预热文案的语言风格一般会带有抖音文案的特点，用户在运用通义生成直播预热文案时可以强调这一点，相关案例如下。

提问

请根据抖音文案的特性，撰写主题为百搭手表推荐的直播预热文案，让更多的人前往直播间观看，字数在300字以内。

通义

【限时直播预警】你的手腕，缺一款百搭神器！

【潮流百搭手表专场】

时间：今晚8点准时开启！

地点：我的直播间，不见不散！

想要提升你的时尚感吗？

这款手表是你不可错过的秘密武器！

无论商务正装或是休闲运动，

统统稳住，让你魅力四射！

直播亮点：

专业讲解，告诉你如何挑选最适合的手表；

现场试戴，看真实效果，拒绝盲目跟风；

超值优惠，直播期间下单，享受独家折扣；

互动抽奖，参与就有机会赢取神秘礼物！

赶紧预约直播，和我一起探索时间的魅力吧！

10.13 用 AI 生成直播标题文案

直播标题是指发布直播活动的时间、主题等信息的文字内容，能够起到宣传直播活动、吸引受众注意力的作用。在直播活动的标题中，一般会直接写明直播开始的时间、直播的主题和受众的利益点，来吸引受众关注直播。用户巧用通义，便可以借助AI的力量快速获得直播标题，相关案例如下。

提问

请根据爆款直播标题的特征，给一场主题为洗发水推荐的直播活动提供4个标题，要对目标受众有吸引力，不要使用违禁词。

通义

1. "头皮养护之夜：揭秘秀发柔顺的秘密武器！"
2. "告别干枯分叉，直击根源！专业级洗发水大赏"
3. "明星也在用！顶级护发秘诀大公开，养出飘逸秀发"
4. "从头开始的蜕变之旅，精选洗发水，让你的秀发回弹如初"

可以看出，通义给出的直播标题简明扼要、突出亮点，并且使用了动词和情感词，能够有效地吸引受众的关注，提高直播活动的观看率和影响力。

▶ 第 11 章

短视频类文案的 AI 写作案例

短视频文案包括脚本、标题等内容，在短视频制作的过程中扮演了关键角色，它能传递视频核心信息，影响受众的注意力和互动率。本章将以Kimi为例，介绍利用AI撰写短视频文案的技巧。

11.1 用 AI 策划短视频主题

▶ 扫码看视频

　　用户可以通过在 Kimi 中输入相关主题、情节、角色、对话等信息，来启发 Kimi 生成富有创意的短视频脚本。这样，用户就能够更快地创作出吸引人的短视频内容，提高短视频的质量和受众的参与度。不过，制作短视频是为了吸引受众的注意力，传递信息和情感，因此用户首先要借助 Kimi 策划一个好的主题，相关案例如下。

提问

帮我策划 5 个关于夏季服装穿搭的短视频主题。

Kimi

夏季服装穿搭是一个非常适合分享的短视频主题，以下是五个短视频主题策划建议：

1. 夏日清凉穿搭

视频内容：展示不同风格的夏季清凉搭配，比如海边度假风、城市休闲风、办公室简约风等。特色点：介绍如何利用色彩、面料和剪裁来达到清凉效果，同时保持时尚。

2. 夏季防晒服装推荐

视频内容：推荐一些具有防晒功能的服装，如长袖衬衫、遮阳帽、防晒外套等。

特色点：展示不同防晒服装的款式和搭配，同时讲解防晒指数和面料选择。

3. 夏季运动风穿搭

视频内容：展示适合夏日户外活动和运动的服装，如瑜伽服、跑步装、水上运动装等。

特色点：强调服装的透气性、吸湿排汗功能和时尚元素。

4. 夏季情侣装搭配

视频内容：展示情侣间的夏季服装搭配，强调色彩、图案和风格的协调。

特色点：提供情侣装搭配的创意灵感，如同色系、图案呼应等。

5. 夏季儿童服装搭配

视频内容：展示适合儿童的夏季服装，注重舒适度和活泼的款式设计。

特色点：介绍如何为不同年龄段的孩子选择合适的夏季服装，以及如何搭配出既可爱又实用的造型。

每个视频都可以包含以下几个部分。

开场介绍：简短介绍视频主题和内容。

穿搭展示：逐一展示服装搭配，并提供穿搭建议。

细节讲解：对每套服装的面料、设计、搭配技巧等进行详细讲解。

互动环节：鼓励观众在评论区分享自己的夏季穿搭心得或提问。

结尾总结：总结视频内容，并预告下一个视频的主题。

记得在制作视频时，保持画面清晰、色彩鲜明，以及背景音乐和节奏的和谐，以吸引观众的注意力。

11.2 用 AI 生成短视频脚本文案

有了短视频主题后，用户即可让Kimi根据这个主题去生成详细的脚本内容，相关案例如下。

扫码看视频

提问

你是抖音上拥有百万粉丝的时尚穿搭博主，请根据"夏季穿搭小贴士：身材偏胖型女生如何通过穿搭显瘦"这个标题，写一个短视频脚本。

要求：用分享人的口吻，内容符合平台规则，不要用极限词。

Kimi

标题：夏季穿搭小贴士：身材偏胖型女生如何通过穿搭显瘦

开场白：嗨，大家好，我是你们的时尚小助手Kimi！夏天到了，很多女生可能在为如何穿搭更显瘦而烦恼。今天，我要和大家分享一些实用的穿搭技巧，帮助身材偏胖型女生在炎热的夏季也能穿出自信和美丽。记得，时尚没有极限，每个人都有自己独特的美哦！

正文：

1. 选择合适的颜色

深色系列的衣物通常有显瘦效果，比如深蓝、黑色和深灰色等。它们可以从视觉上收缩身形，让你看起来更加苗条。

2. 高腰设计

高腰裤或裙装可以拉长下半身比例，让你的腿部看起来更长，整体造型更加协调。

3. 垂直条纹

垂直条纹有拉长身形的效果，条纹越细密，显瘦效果越好。

4. 合身剪裁

避免穿过于紧身或过于宽松的衣物，选择合身的衣物可以更好地展示身材，避免产生臃肿感。

5. 单色搭配

单色搭配可以避免身体被切割成多个部分，使得整体造型更加流畅。

6. 适当露肤

适当露出颈部、手腕和脚踝等部位，可以增加造型的层次感，同时也能展示你的优雅。

7. 利用配饰

选择一些简约而精致的配饰，比如长项链、腰带等，可以吸引视线，分散注意力，达到显瘦的效果。

结尾：

好啦，以上就是我为大家准备的夏季显瘦穿搭小贴士。记住，最重要的是找到适合自己的风格，自信地展示自己。时尚不是一味追求瘦，而是展现自己最美的一面。如果你喜欢今天的分享，别忘了点赞关注哦！我们下期视频再见，拜拜！

[视频结束时，可以加上一些互动元素，比如提问观众：你有什么夏季显瘦的穿搭小技巧吗？在评论区告诉我吧！][记得在视频中穿插一些穿搭示例，让观众更直观地看到效果。]

11.3　用 AI 生成分镜头脚本文案

分镜头脚本文案是描述短视频中每个镜头内容和细节的文稿，一般包含标题、场景描述、景别、运镜、台词或对白、道具、节奏和节拍等要素，通常以表格的形式呈现。用户在让Kimi生成分镜头脚本文案时，可以提供格式要求和具体要素，从而获得更完整的文案，相关案例如下。

▶ 扫码看视频

提问

假设你是一位资深的短视频编导，请以蛋糕店探店为主题，提供一个短视频脚本，要求：以表格的形式呈现，包含分镜序号、景别（中近远特写等镜头）、画面描述、对话台词、时长等，字数在100字以内。

Kimi

分镜序号	景别	画面描述	对话台词	时长
1	中景	店铺外观，招牌醒目	"欢迎来到甜蜜时光蛋糕店！"	5s
2	近景	顾客挑选蛋糕	"这款蛋糕看起来真诱人！"	4s
3	特写	蛋糕细节，奶油和水果	"每一层都精心制作。"	6s
4	中景	顾客品尝蛋糕	"口感细腻，甜而不腻。"	5s
5	远景	店内环境，顾客络绎不绝	"这里总是人气满满。"	5s
6	特写	蛋糕师傅制作蛋糕	"每一款蛋糕都是艺术品。"	6s
7	中景	顾客与店员交谈	"下次生日蛋糕就选你们家了！"	4s

续表

分镜序号	景别	画面描述	对话台词	时长
8	特写	蛋糕包装精美	"包装也这么精致。"	5s
9	近景	顾客满意离开	"下次还会再来！"	4s
10	特写	店铺招牌特写	"甜蜜时光，甜蜜每一刻。"	5s

11.4 用 AI 生成时长设计方案

如今，短视频作为人们喜闻乐见的娱乐方式之一，精准的时间把控对其相当重要。好的视频不仅仅是画面内容被人赞赏，时间与画面恰到好处的结合也能够让人眼前一亮。在Kimi的帮助下，用户可以获得准确、高效的时长设计方案，相关案例如下。

扫码看视频

提问

请根据以下信息提供一份有效、详细的视频时长设计方案。

视频主题：底妆好物推荐。

视频时长：20秒。

视频重点：介绍4种必备底妆好物，并说明其优缺点，字数在100字以内。

Kimi

视频时长设计方案

视频时长：20秒。

视频主题：底妆好物推荐。

视频结构：

开场（2秒）

快速展示视频主题：底妆好物推荐。

背景可以是化妆品的模糊影像，配以吸引人的背景音乐。

产品介绍（12秒）

快速切换展示四种底妆产品。

每个产品介绍3秒，包括产品名称、品牌和简短的描述。

例如："产品A，品牌B，遮瑕力强，持久度高。"

使用快速剪辑和动态效果，激发观众兴趣。

优缺点说明（4秒）

每个产品1秒，简洁明了地展示其优点和缺点。

例如："产品A的优点：轻薄透气。缺点：遮瑕力一般。"

结尾（2秒）

展示品牌标识和订阅或关注提示。

背景音乐渐强，为视频收尾。

注意事项：

确保视频节奏紧凑，信息传达清晰。

使用简洁明了的语言，避免冗长。

视频画面要美观，色彩鲜明，吸引观众。

背景音乐要与视频主题相匹配，不宜过于喧闹。

11.5 用 AI 生成短视频标题

好的标题决定了视频的点击率。因此，在短视频的制作中，标题是不可忽视的元素，好的标题可以为短视频吸引到更多的受众。在Kimi的帮助下，短视频标题可以自动生成，从而节省用户的时间，相关案例如下。

扫码看视频

🔵 提问

假设你是一名拥有百万粉丝的短视频博主，请你结合快手平台上爆款短视频标题的特点和受众的兴趣，提供两个主题为端午节好礼推荐的短视频标题，并添加精准的标签。

Ⓚ Kimi

1. 标题文案："端午佳节，粽香四溢！揭秘最受欢迎的粽子礼盒，快来挑选你的端午好礼！"

标签：#端午节 #粽子礼盒 #节日好礼 #传统美食 #美食推荐 #快手端午节 #粽香端午 #好礼推荐

2. 标题文案："端午安康，粽意浓情！精选端午特色礼品，让你的端午与众不同！"

标签：#端午安康 #特色礼品 #节日礼物 #传统文化 #端午习俗 #快手好物 #粽意浓情 #端午特辑

这些标题融合了端午节的传统元素和现代的营销策略，旨在吸引观众的注意力，并激发他们对节日礼物的兴趣。同时，使用表情符号和热门标签可以增加视频的互动性和曝光率。

用户也可以先给Kimi提供一些爆款短视频标题的实例，然后让Kimi分析这些标题的特点，再提出实际的需求，让Kimi结合标题特点来生成短视频标题。

11.6 用AI生成互动体验类短视频文案

互动体验类短视频文案是指在短视频中用于引导和激发受众参与互动的文字内容，目的是吸引受众的注意力，并引导受众积极参与视频中的活动。运用Kimi生成互动体验类短视频文案时，需要输入具体需求和恰当指令，相关案例如下。

扫码看视频

提问

用互动体验类视频文案的风格，以宣传新开业的甜品店铺为主题，写一篇完整的短视频文案，字数在300字以内。

Kimi

甜蜜新篇章，甜品控的天堂！

【探秘甜品新天地】

镜头一：镜头缓缓推进，一家装潢精美的甜品店映入眼帘，门口挂着彩带，庆祝店铺新开业的欢乐气氛扑面而来。

【欢迎光临】"欢迎来到甜蜜的天堂，我们新开业的甜品店，每一口甜品都是幸福的味道！"

【甜品展示】镜头切换，展示各式各样的甜品：精致的马卡龙、绵软的慕斯、香浓的巧克力蛋糕……每一款都是视觉与味觉的双重盛宴。

【匠心制作】"我们的甜品，由资深甜品师傅精心制作，选用上等原料，只为给您带来最纯粹的甜蜜体验。"

【顾客体验】镜头捕捉顾客们品尝甜品的满足表情，如小朋友们的笑脸、情侣间的甜蜜分享，每一幕都传递着幸福与快乐。

【地址指引】"不要犹豫，快来加入我们的甜蜜之旅吧！地址：[具体地址]，我们在这里等你哦！"

【开业优惠】"开业期间，我们还有特别优惠哦，快来享受这份甜蜜的惊喜吧！"

【互动号召】"点赞并留言分享你最想尝试的甜品，我们将随机抽取幸运顾客送出免费试吃机会！"

【背景音乐】轻快的背景音乐，营造出愉悦放松的氛围。

【结尾】"甜蜜生活，从这里开始。[店名]甜品店，期待您的光临！"

> 【结束画面】屏幕渐暗，甜品店的招牌和口号渐渐显现："甜蜜每一刻，尽在[店名]甜品店。"
> 【结束语】"让我们在甜品的世界里，共同寻找那份属于你的甜蜜记忆吧！"
> [店名]甜品店，新开业，新体验，新甜蜜！

用户在获得Kimi给出的文案之后，可以对文案的语言风格、内容结构等进行优化调整，还可以引导Kimi生成与视频主题相契合的脚本文案，只需输入相应的指令即可。

11.7 用 AI 生成情节叙事类短视频文案

情节叙事类短视频文案是指以讲故事的形式来描述视频内容的文字。这类文案通常借助镜头语言呈现现实生活或反衬现实生活，以讲故事的方式引人入胜。

情节叙事类短视频文案的内容包括但不限于亲情、爱情、友情等关乎人类情感的故事。现今，在各大短视频平台中，最为热门的情节叙事类短视频文案是爱情故事文案，用户可虚构一个爱情故事，将其作为短视频脚本，用镜头的方式呈现出来。

用户在运用Kimi生成情节叙事类短视频文案时，也可以先让Kimi虚构一个故事，再让Kimi将故事改成短视频脚本，相关案例如下。

步骤01 在Kimi的输入框中输入指令并发送，让Kimi虚构一个关于亲情的故事，相关指令和回复内容如下。

提问

提供一个借绿植生长暗喻母女亲情的故事，要包含人物对话和内心独白，要有创意。

Kimi

故事标题：绿影心语
场景一：家中阳台
人物：
母亲（李华）：一位热爱园艺的中年女性。
女儿（小雅）：一位对园艺不感兴趣的年轻女性。
场景描述：阳台上，各种绿植在阳光的照耀下茁壮成长，李华正细心地给一盆吊兰

浇水。

李华（内心独白）："这些绿植就像我的孩子，需要耐心和关爱才能茁壮成长。小雅，你什么时候才能理解这份心意呢？"

小雅（走进阳台，看着母亲）："妈，你又在摆弄这些花花草草了，它们真的那么重要吗？"

李华（微笑）："小雅，你看这些植物，它们虽然不会说话，但它们用自己的方式表现着生命的力量。就像我对你的爱，虽然不常说出口，但一直都在。"

场景二：学校图书馆

场景描述：小雅坐在图书馆里，手中拿着一本关于植物学的书，她的目光停留在一张吊兰的图片上。

小雅（内心独白）："妈妈总是说植物有它们自己的语言，我是不是应该试着去理解它们？也许，我也能从中感受到妈妈的心情。"

场景三：家中阳台，一个月后

场景描述：小雅带着一盆自己精心照料的吊兰回到了家中，阳台上的绿植更加茂盛了。

小雅（兴奋地）："妈，你看，这是我自己养的吊兰，它长得多好！"

李华（感动地）："小雅，你真的做到了。这不仅仅是一盆植物，这是你的成长，也是我们之间沟通的桥梁。"

小雅（认真地）："妈，我开始理解你了。这些绿植就像是我们之间的纽带，它们见证了我们的关系，也见证了我的成长。"

李华（内心独白）："我的小雅终于长大了，她开始学会用心去感受和理解这个世界。就像这些绿植，只要有爱，就能开出最美的花朵。"

场景四：家中客厅，晚上

场景描述：母女俩坐在客厅里，旁边是一盆盆生机勃勃的绿植。

李华："小雅，你知道吗？这些绿植就像是我们母女的关系，需要阳光、水分和耐心。"

小雅："妈，我现在明白了。就像这些植物，我们的关系也需要时间去培养和呵护。"

李华（微笑）："是的，我的宝贝。只要我们用心去经营，无论是植物还是我们的关系，都能开出最美的花朵。"

小雅（依偎在母亲身边）："妈，我爱你，就像这些绿植一样，永远生机勃勃。"

李华（拥抱着女儿）："我也爱你，小雅。让我们一起，像这些绿植一样，不断成长，不断绽放。"

结尾：随着夜幕的降临，阳台上的绿植在月光的照耀下显得更加宁静而美丽。母女俩的心灵，也在这绿影中得到了沟通和升华。绿植不仅是生命的象征，更是母女亲情的见证者和传递者。

步骤 02 在Kimi的输入框中继续输入指令并发送，让Kimi根据虚构的故事生成分镜头脚本，相关指令和回复内容如下。

提问

将上述故事用镜头脚本的形式呈现出来。镜头脚本要以表格的形式呈现以下内容：分镜序号、景别（中、近、远、特写等镜头）、画面描述、对话台词（包括人物对话时的动作、语言、神态等，越详细越好）、背景音乐（给出具体的歌曲名称）。

Kimi

以下是根据您提供的故事内容，生成的镜头脚本表格示例。

分镜序号	景别	画面描述	对话台词	背景音乐
1	中景	阳台上，阳光明媚，绿植茂盛，李华正细心地给吊兰浇水	李华（微笑）："这些绿植就像我的孩子，需要耐心和关爱才能茁壮成长。"	轻快的钢琴曲《绿意盎然》
2	特写	小雅走进阳台，好奇地看着母亲	小雅："妈，你又在摆弄这些花花草草了，它们真的那么重要吗？"	温馨的弦乐《家的温馨》
3	远景	图书馆内，小雅坐在窗边，手中拿着一本关于植物学的书	小雅（心里独白）："妈妈总是说植物有它们自己的语言……"	柔和的吉他曲《思考的瞬间》
4	近景	小雅专注地看着吊兰的图片	无对白	同上
5	中景	小雅带着一盆自己养的吊兰回到阳台，李华惊喜地看着	小雅（兴奋地）："妈，你看，这是我自己养的吊兰，它长得多好！"	轻快的弦乐《成长的乐章》
6	特写	李华感动地看着吊兰	李华："小雅，你真的做到了……"	感人的钢琴曲《感动时刻》
7	中景	母女俩坐在客厅里，旁边是一盆盆生机勃勃的绿植	李华："这些绿植就像是我们母女的关系，需要阳光、水分和耐心。"	温馨的弦乐《家的温馨》
8	特写	小雅依偎在母亲身边	小雅："妈，我爱你，就像这些绿植一样，永远生机勃勃。"	深情的小提琴曲《爱的告白》
9	远景	夜幕降临，阳台上的绿植在月光下显得更加宁静而美丽，母女俩在进行心灵沟通	李华："我也爱你，小雅。让我们一起，像这些绿植一样，不断成长……"	宁静的夜曲《月光奏鸣曲》

请注意，背景音乐的具体名称是虚构的，您可以根据实际需要选择适合场景氛围的音乐。

11.8 用 AI 生成干货分享类短视频文案

干货分享类短视频文案是指在视频内用于知识分享、实用性技能传授的文字内容，能够帮助受众丰富知识、提高能力或解决问题。这类文案的呈现方式可以是图文短视频，也可以是口播短视频，相关案例如下。

扫码看视频

提问

你是一名专业花艺师，现在需要你分享绿植养护的方法，以口播短视频脚本文案的方式分享。

Kimi

当然可以！下面是一段适合口播短视频的绿植养护方法脚本文案。

【开场白】大家好，我是Kimi，一名专业花艺师。今天，我要和大家分享一些简单实用的绿植养护小技巧，让你的植物朋友茁壮成长，成为家中的一抹亮色！

【浇水篇】首先，来谈谈浇水。植物和人一样，需要适量的水分。但是，不同的植物对水分的需求是不同的。比如，多肉植物需要较少的水分，而蕨类植物则需要较多的水分。记住一个原则：宁干勿湿。浇水时，要确保土壤完全湿润，然后让多余的水分排出，避免积水。

【光照篇】接下来是光照。大多数绿植喜欢充足的散射光，但也有一些植物，如仙人掌，可以适应较强的直射光。了解你的植物朋友需要多少光照，是保持它们健康的关键。

【施肥篇】植物也需要营养，适时施肥可以促进它们的生长。使用适合你家植物的肥料，按照说明书上的推荐施肥频率进行施肥。

【温度篇】温度也是影响植物生长的重要因素。大多数室内植物喜欢温暖湿润的环境，要避免极端的温差。冬季要远离暖气，夏季则要避免阳光直射。

【修剪篇】适时修剪可以促进植物的分枝生长，让植物保持健康。去除枯叶和枯枝，可以减少病虫害的发生。

【总结篇】养护绿植其实很简单，只需要一点耐心和细心。记住这些基本原则：适量的水分、适当的光照、适时的施肥、适宜的温度和定期的修剪。

【结束语】好了，今天的分享就到这里。如果你喜欢这个视频，别忘了点赞和订阅哦！如果你有任何问题，欢迎在评论区留言，我会尽快回复大家。我们下期视频见，拜拜！

希望这个脚本能帮助你制作出精彩的短视频，分享给更多热爱绿植的朋友们！

11.9 用 AI 生成影视解说类短视频文案

影视解说类短视频文案是指在影视解说类短视频中简要介绍电影、电视剧情节的文字。这类文案一般用语幽默、简洁、具有概括性，能够高度概括剧集内容，并以最短时间和最快速度传达给受众，相关案例如下。

提问

请提供一篇影视解说类短视频文案，对《泰坦尼克号》进行解说，要求：语言优美，设置悬念。

Kimi

【标题】：《泰坦尼克号》：一段永恒的爱情，一场不朽的灾难

【开场白】：在历史的长河中，有些故事如璀璨的星辰，永远闪耀在人类的记忆里。今天，我们来回顾一部经典之作——《泰坦尼克号》，它不仅是一部电影，更是一段跨越时空的爱情传奇和一场震撼人心的灾难史诗。

【背景介绍】：1912年，泰坦尼克号，这艘号称"永不沉没"的豪华巨轮，从英国南安普敦港启航，驶向美国纽约。然而，它的命运却因为一场突如其来的灾难而改变。在这次航行中，两个来自不同世界的年轻人——富家女罗丝与穷小子杰克，相遇并坠入爱河。

【人物介绍】：罗丝，一个被束缚在贵族礼教和家族期望中的女子，她的生活充满了奢华却也充满了束缚。杰克，一个自由奔放的艺术家，他的生活虽然贫穷，但充满了色彩和希望。他们的相遇，像是命运的安排，又像是偶然的巧合。

【爱情故事】：在泰坦尼克号上，罗丝和杰克的爱情迅速升温。他们一起跳舞，一起在船头"飞翔"，一起在下层舱的舞会上尽情欢笑。然而，这段爱情却面临着重重考验。罗丝的未婚夫卡尔，一个冷酷的商人，他的存在让罗丝的心中充满了矛盾和挣扎。

【悬念设置】：就在泰坦尼克号即将抵达纽约的前夜，一场灾难悄然降临。巨大的冰山撞击了船体，泰坦尼克号开始缓缓下沉。在这生死攸关的时刻，罗丝和杰克的爱情将如何抉择？他们能否共同渡过这场灾难？

【灾难发生】：随着船体的倾斜，恐慌和混乱在乘客中蔓延。杰克为了救出罗丝，不顾一切地与死神赛跑。他们的爱情在灾难面前显得尤为珍贵，也显得尤为脆弱。

【结局悬念】：在冰冷的大西洋中，杰克为了救罗丝，牺牲了自己的生命。罗丝在杰克的鼓励下，坚强地活了下来。多年后，当罗丝回忆起那段刻骨铭心的爱情时，她的眼神中充满了怀念和感激。她的故事，被一位探险家发现，并在电视上讲述。

【结尾】：《泰坦尼克号》不仅是一部关于爱情和灾难的电影，它更是关于人性、勇气和牺牲的深刻探讨。它告诉我们，无论时代如何变迁，真挚的爱情和勇敢的精神永远不

会沉没。让我们在这段永恒的爱情故事中，感受生命的力量，体会人性的光辉。

【结语】：泰坦尼克号的残骸在深海中静静沉睡，罗丝和杰克的故事却永远活在人们的心中。这是一部值得每个人去品味的电影，它让我们相信，即使在最黑暗的时刻，爱与希望的光芒也永远不会熄灭。

【提示】：本文案为影视解说类短视频文案，适合用于介绍《泰坦尼克号》这部电影的背景、人物、情节和主题，旨在吸引观众的兴趣，增加视频的观看量和分享率。

11.10 用AI生成情感共鸣类短视频文案

扫码看视频

情感共鸣类短视频文案是指描述情感类短视频的内容，并能引起受众共鸣的文字。情感共鸣类短视频通常会以图文的形式来呈现，因此其文案的重点在于标题，打造有吸引力、能引起人共鸣的标题是情感共鸣类短视频文案的关键，相关案例如下。

提问

情感共鸣类短视频文案是指描述情感类短视频的内容，且能够引起受众共鸣的文字。请根据这类文案的特点，提供一段主题为防晒是夏日必备的电商类文案，风格要温柔细腻、扣人心弦，字数不超过150字。

Kimi

夏日的微风轻拂，阳光洒在每一张灿烂的笑脸上。我们追求阳光，但更懂得呵护自己。防晒，不仅是夏日的必备，更是对自己温柔的呵护。选择一款适合你的防晒产品，让肌肤在炎炎夏日里也能享受清新与自在。它不只是一层保护，更是一份关爱，守护你每一个灿烂瞬间。让防晒成为你夏日的伴侣，与你一同迎接每一个美好的日出日落。

11.11 用AI生成电商类短视频文案

扫码看视频

电商类短视频文案是指在电商平台上发布的商品推广或品牌宣传短视频中的文字描述内容，它的目的是通过简洁明了的语言表达，引导受众完成购买行为，相关案例如下。

提问

为一个炒货店的板栗团购短视频创作标题和内容文案，字数在150字以内。

Kimi

标题：【限时抢购】金秋板栗，香脆可口，团购更优惠！

内容文案：金秋时节，板栗飘香，我们的炒货店为大家带来独家秘制板栗！每一颗板栗都经过精心挑选，保证粒粒饱满，口感香脆。现在参与团购，享受超值优惠，让您的味蕾在金秋收获满满的幸福！快来抢购吧，数量有限，先到先得！#板栗团购##金秋美味#

【注意】视频内容可以展示板栗的炒制过程、顾客品尝的满足表情，以及团购的优惠信息，增加互动性和吸引力。

▶ 第 12 章

电商类文案的 AI 写作案例

电商类文案是通过文字描述和推销商品与品牌的一种手段，它旨在用文字打动人心，促使受众作出购买的决策，通常在电子商务领域发挥着关键作用。本章将以ChatGPT为例，介绍运用AI创作电商文案的技巧。

12.1 用 AI 生成电商主图文案

在电商领域，主图文案能够用于凸显产品的亮点和优势，从而激发消费者的购买欲望。撰写主图文案需要分析产品的特点、受众的需求、市场趋势等多方面的因素，同时还需要一定的网感和文字功底。此时，用户巧用 ChatGPT，便可以借助 AI 的力量快速获得电商主图文案，相关案例如下。

扫码看视频

提问

请结合凉鞋的受众需求和产品亮点，撰写凉鞋的电商主图文案，要求语言精练、亮点突出。

ChatGPT

当然，下面是一段为凉鞋设计的电商主图文案，简洁而突出产品特点。

轻盈透气，步履自如

优选透气材质，夏季凉爽每一步

自然橡胶大底，抓地防滑，安全舒适

经典设计，时尚百搭，适合各种场合

这段文案简洁明了，强调了凉鞋的透气性、舒适度和时尚感，很适合作为电商平台的主图描述。

用户还可以给 ChatGPT 提供更多产品的信息，补充说明产品的亮点，让 ChatGPT 有更多的依据，从而生成更有吸引力和影响力的主图文案。

12.2 用 AI 生成电商详情页文案

电商详情页文案是电商领域用于描述产品详细特征的文字内容，包括产品的具体功能、设计特点、规格包装、使用说明、注意事项等元素，能够以文字的形式全面地介绍产品。借助 ChatGPT 的力量，用户可以快速获得特定产品的电商详情页文案，从而节省人力成本，相关案例如下。

扫码看视频

提问

请根据以下信息，撰写润肤乳的电商详情页文案。

产品信息：清润润肤乳，玻尿酸+乳木果油+油橄榄油，有白桃、蔷薇、檀香和白茶这4种香型。

产品特点：智能保湿，持续水润；雪绒触感，一抹即化；大师级调香，长久留香。

目标受众：6岁以上的人群。

包装内容：精致刺绣布袋，烫金礼盒，5袋试用装，润肤乳挤压器。

保证与支持：24小时内发货，试用不满意无条件退货，代写贺卡。

ChatGPT

清润润肤乳详情页

清新滋养，守护您的每一寸肌肤

清润润肤乳，专为渴望深层滋润与持久香气的您设计。配方中融合了玻尿酸、乳木果油和油橄榄油，三重功效，为肌肤带来深层的滋养与保湿。

香型介绍

白桃：如初夏果园般清新，甜美而不腻。

蔷薇：细腻花香，优雅迷人，让人宛如置身花海。

檀香：温暖木香，深沉而持久，抚慰心灵。

白茶：清雅高洁，淡淡茶香，宁静致远。

产品特点

智能保湿：高效玻尿酸成分，根据环境湿度智能调节锁水力，让肌肤持续水润。

雪绒触感：独特的轻盈配方，一抹即化，让肌肤如雪绒般柔滑。

大师级调香：由香水大师调制，香味纯正持久，尽显个性魅力。

适用人群

适合6岁以上的人群，无论男女老少，均可放心使用，全家共享美好肌肤时光。

包装内容

精致刺绣布袋：优雅设计，便于携带与保存。

烫金礼盒：适合作为高端礼品，表达心意与品位。

5袋试用装：试用更多香型，找到您的专属香气。

润肤乳挤压器：使用更便捷，一手掌控。

购买保证与客户支持

24小时内发货：快速发货，不让您的期待久等。

试用不满意无条件退货：产品体验不符合您的期待，支持无忧退货。

代写贺卡服务：为您的礼物附上心意，传递温馨问候。

让清润润肤乳成为您生活中的一份精致享受，体验由内而外的滋养与呵护。立即选购，开启您的美肤之旅！

12.3 用 AI 生成产品测评文案

产品测评文案是宣传产品的有效工具，一般包含专业、客观的产品信息，能够给消费者购买产品提供参考。借助ChatGPT的力量，用户可以获得比较全面、中肯的产品测评文案，相关案例如下。

扫码看视频

RI 提问

请根据洗衣液测评的维度，结合以下信息对产品进行测评，并生成一篇客观的产品测评文案，字数在750字以内。

产品信息：

Cc是YY品牌推出的一款除菌去味洗衣液产品，有玫瑰、茉莉、小雏菊和青松这4种香型，采用温和配方，在不伤衣不伤手的同时，可以做到高效除菌、根源去味，并且原料均通过安全检测，符合国家标准。

这款洗衣液邀请了20名不同生活环境和职业的用户进行体验，90％的用户都反映洗衣液可以应对日常的各种污渍，并且清洗后的衣物不会发硬，除菌去味能力很强，留香长达一天。

ChatGPT

产品测评：YY品牌Cc洗衣液

在市场上众多洗衣液品牌中，YY品牌推出的Cc洗衣液以其温和高效的特性受到了消费者的关注。本次测评从多个维度对该产品进行了全面的分析，以帮助消费者更加全面地了解该产品的性能和适用性。

1. 香型多样性

Cc洗衣液有四种不同的香型：玫瑰、茉莉、小雏菊和青松。满足了不同消费者的个性化需求。香型的多样性不仅让消费者有更多的选择空间，也体现了品牌对市场细分的关注。在使用过程中，香味能够持久，给人一种持续的清新感。

2. 清洁与除菌效果

根据我们邀请的20名不同生活环境和职业的体验者反馈，90％的体验者表示，Cc洗衣液对日常的各种污渍具有良好的清洁效果。更重要的是，它的除菌功能强大，可以有效去除衣物上的细菌和臭味。对于追求生活品质与健康的消费者来说，这是一个不可忽视的优点。

3. 温和性

产品采用的是温和配方，既保护了衣物纤维，也考虑了消费者的肌肤健康。多数消费者反映，使用Cc洗衣液后，衣物柔软，不会发硬，这一点对于经常需要洗护精细衣物的消费者尤为重要。

4. 安全性

所有原料均通过安全检测，符合国家标准。这一点保证了产品的安全性，消费者可以放心使用。对于一个家用消费品来说，安全性是基础，也是品牌能否获得消费者信任的关键。

5. 经济性

虽然此次测评未能提供具体的价格信息，但根据产品的综合表现和市场定位，Cc洗衣液具有较高的性价比。特别是在它提供的多种香型和高效功能的基础上，如果定价合理，该洗衣液将具有很强的市场竞争力。

总结

总体来说，YY品牌的Cc洗衣液是一款多功能、高效且用户友好的产品。它不仅满足了日常生活中对洗衣液的基本需求，还凭借其多样的香型选择、温和的配方和强大的除菌能力，展现了品牌的细致和专业。无论是家庭还是个人使用，Cc洗衣液都是一个值得考虑的选择。

用户应尽可能地多提供一些产品信息给ChatGPT，包括详细的产品成分、专业检测凭证、用户使用情况等信息，让ChatGPT生成更加客观的测评文案。

12.4 用 AI 生成商品海报文案

商品海报文案是指用于海报上的产品宣传文字，它具有语言简练、清晰明了、醒目的特点，能够引导消费者作出购买产品的决策。在ChatGPT的帮助下，用户可以获得创作商品海报文案的灵感和参考，相关案例如下。

扫码看视频

提问

请结合海报文案的特征，从引发消费者情感共鸣的角度出发，提供两条有关凉席的海报文案。

ChatGPT

为了引发消费者的情感共鸣和吸引消费者，海报文案应该触及消费者的夏日体验和对舒适生活的向往。这里有两条关于凉席的海报文案建议。

1. 享受清凉一夏，舒适度过每一个夜晚

炎炎夏日带来不息的热浪，我们的凉席为您带来一片清凉的绿洲。每个夜晚，无论热度如何高涨，都让您沉浸在舒适和清爽之中。选择我们的凉席，让清凉伴您整夜。

2. 从这一刻开始，与炎热说再见

夏天的温度难以忍受？让我们的凉席带您进入一个更凉爽的世界。特制材质，透气性强，每当您躺下时，就仿佛置身于秋日的凉风中。选择舒适，选择健康，选择我们的凉席，开启您的清凉夏日。

这两条文案都强调了产品的清凉舒适特性，并试图引起消费者对于避暑舒适生活的情感共鸣。

12.5 用 AI 生成产品推广文案

产品推广文案通常指概括产品亮点、展示产品优势的文本，旨在通过文字打动消费者，提高其购买力。在ChatGPT的帮助下，用户可以迅速获得产品推广文案，从而增加产品的影响力和销售量，相关案例如下。

扫码看视频

RI 提问

请根据以下产品信息，为办公转椅生成一篇产品推广文案。

产品信息：轻松办公，舒适生活，美观耐用，舒脊护腰，品质真实。

⑥ ChatGPT

当然，这是一篇基于您提供的产品信息生成的推广文案：

轻松办公，舒适生活——选择我们的舒脊护腰办公转椅

在快节奏的工作环境中，一把好椅子能为您带来意想不到的舒适与支撑力。我们的办公转椅不仅美观耐用，更是专为护理您的脊椎与腰部设计，让您即使长时间坐着工作也能感觉到如在云端的舒适。

舒适生活：采用高级透气材料和符合人体工学的设计，确保您整天的舒适感，让您从早到晚都保持活力与效率。

美观耐用：我们的办公椅不仅在外观上现代时尚，更在材料选择上注重耐用性，能够长时间使用。

舒脊护腰：特制的腰托和可调节的坐背，有效支撑您的脊柱和腰部，预防职业病的发生，让您健康每一天。

品质真实：我们承诺，每一把椅子都经过严格的质量控制，确保每位用户都能感受到我们对品质的坚持。

无论是家用还是办公用，选择我们的办公转椅，让您的生活与工作空间既时尚又充满活力。投资一把好椅子，享受健康舒适的每一天！

立即体验不一样的工作与生活方式，选择我们的办公转椅——您理想的工作伙伴。

希望这篇文案能够有效地帮助您推广产品！

12.6 用 AI 生成网络广告文案

扫码看视频

网络广告文案是指以互联网为媒介进行广告信息传播的文字内容，它主要以各种媒体平台为传播媒介，具有传播范围广和速度快的特点，用户可以让ChatGPT结合平台特性和网络热词来生成广告文案，相关案例如下。

提问

请根据抖音平台文案的特点，生成两条关于运动手环的网络广告文案，要求语言风趣，多用比喻、拟人等修辞手法，适当使用网络热词。

ChatGPT

1."这个手环，简直就是你的健身教练，还能24小时在线哦！别再用'今天太忙'当借口，它每天都在轻轻提醒你：动起来，不做健身房的背景板！抖起你的腰，跳起来吧，你的声音比敲键盘的声音还响！"

2."想要超越昨天的自己吗？这款运动手环助你一臂之力！它不仅测步如同精算师，精准到每一步，还能监测心率，就像你的贴心小棉袄，冷了热了都知道。来吧，戴上它，成为朋友圈里的运动达人，让健康不再是奢望，而是生活的常态！"

12.7 用 AI 生成户外广告文案

扫码看视频

户外广告文案是指用于室外宣传产品、推广品牌的文字内容，它通常以固定广告牌的形式呈现。运用ChatGPT，用户可以获得户外广告文案的参考，相关案例如下。

提问

请根据户外固定广告牌文案的特点，提供两条关于蓝牙音箱产品的文案，要求融入创意。

ChatGPT

为了确保户外广告牌上的蓝牙音箱文案能吸引过往行人的注意，这里有两个具有创意性和吸引力的广告文案建议。

1.随风而动，随心而音

带上[×品牌]蓝牙音箱，任何地点都变成你的私人音乐会。无论是在喧嚣的城市还是宁静的郊外，都能让音乐与你共舞，享受不绑定的自由！

2.一触即发，音乐无界

探索音乐新世界，[×品牌]蓝牙音箱让你每一次触摸都开启奇幻之旅。放肆你的音乐梦，让声音跨越界限，伴你左右。

这两条文案不仅凸显产品的便携性和高质量音效，还激发消费者的情感共鸣，引发他们对自由和探索的向往。

12.8 用 AI 生成杂志广告文案

杂志广告文案是专为杂志这一传播媒介而编写的广告文字内容。杂志广告文案的功能与其他广告文案的功能相差无几，不过由于杂志的目标受众通常有较高的文化水平，用户在让AI生成杂志广告文案时需要注意结合杂志的受众特征，尽量使用比较独特、有审美价值和欣赏价值的语言，相关案例如下。

扫码看视频

RI 提问

请根据穿搭杂志广告文案的特点，提供一篇关于夏款小白鞋产品的广告文案，要求：语言风趣幽默，风格独特。

⑤ ChatGPT

夏日炎炎，只需一双小白鞋，即可从头凉到脚。试想在热浪滚滚的城市中，您的脚是不是也需要一丝清爽？来吧，我们的小白鞋，不仅是您脚下的"空调"，更是街头的焦点！

忘记那些"看起来好看但走起路来要命"的高跟鞋吧，我们的小白鞋用其简约之美和舒适度呵护你的每一步。无论是搭配短裤、长裙，还是正装裤，它们都能轻松驾驭，让您在任何场合都光彩照人。

别以为小白鞋只能"乖乖"地躺在鞋柜里，它们还可以是你反叛的声明！每一步都散发着不羁的自由气息，仿佛在说："看我的，我是怎样的不同！"在这个夏天，让小白鞋成为你的时尚代言人，轻松走在时尚的前沿。

现在就加入"小白鞋革命"，穿上它，迈出你的时尚步伐！这不只是一双鞋，更是你个性的展现。夏天已到，你，准备好了吗？

12.9 用 AI 生成社交媒体文案

扫码看视频

社交媒体类文案是指在各类社交媒体上发布的关于产品推广的文字内容，这类文案通常运用简洁的文字、有吸引力的语言来吸引受众的关注，促使他们作出购买产品的决策。有些社交媒体类文案中也会加入吸引受众点击的链接或参与互动的元素，最大程度上让受众产生购买兴趣。

社交媒体类文案的应用场景很广，包括微信、QQ、微博、抖音、快手、西瓜视频等自媒体平台。在让AI生成社交媒体文案时，用户可以指定具体的平台，便于AI根据平台的文案特点进行创作，相关案例如下。

RI 提问

请根据小红书平台的文案特点，提供两条推广顺发护发素的社交媒体类文案。

⊛ ChatGPT

文案一：

想要拥有顺滑如丝的秀发？小红书热门推荐的顺发护发素来啦！这款护发素蕴含天然植物精华，深层滋养发丝，修护受损发质，让你的头发重新焕发光泽与弹性！坚持使用，告别毛躁，让每一缕发丝都散发健康光彩！赶紧行动起来，让你的头发也享受明星般的护理吧！#护发神器 #顺滑秀发 #头发护理

文案二：

小红书博主力荐的顺发护发素你试过了吗？这款护发素含有多种营养成分，轻松解决头发干枯、毛躁、打结等问题，效果立竿见影！使用后，发丝顺滑易梳，柔软有光泽，仿佛刚刚做完高级护理！还在犹豫什么？快来试试，给你的头发带来全新体验！#护发秘诀 #美发必备 #自然顺滑

12.10 用 AI 生成品牌宣传文案

扫码看视频

品牌宣传文案包含着品牌文化、品牌优势、产品特征等内容，是品牌营销的有力途径，有助于提升品牌的影响力和知名度。一篇出色的品牌宣传文案可以深入人心，获得目标受众的好感和呼声。借助ChatGPT的力量，用户可以快速撰写出优质的品牌宣传文案，相

关案例如下。

⑧ 提问

V是一个致力于为不同身高、体型的顾客设计复古风衣的品牌，请根据品牌定位和目标受众，为该品牌撰写一篇有创意的宣传文案。

⑧ ChatGPT

宣传文案：V复古风衣——时尚无界，在这个快节奏的现代社会中，V品牌带你回归那个潇洒、自由的复古时代。我们专为不同身高和体型的顾客，设计了一系列复古风衣，让每个人都能找到属于自己的独特风格。

【时尚无界】

不论你的身材是高挑、娇小、苗条还是丰腴，V品牌都能为你提供完美的选择。我们的设计师团队深入研究不同身材顾客的穿着需求，每一件风衣都是对舒适与美感的极致追求。

【复古新生】

我们从20世纪的经典款式中汲取灵感，结合现代的裁剪技术，创造出既有复古韵味又不失现代感的风衣。每一件V复古风衣都是对过去的一种致敬，也是对未来风尚的一种展望。

【个性化服务】

选择V，不仅是选择一件衣服，更是选择了一种生活态度。我们提供定制服务，从面料选择到细节调整，每一步都精心考虑，确保每一位顾客都能展示自己独有的个性和风格。

【环保理念】

我们承诺，每一件V风衣都采用环保材料制作，致力于减少时尚产业对环境的影响。

选择V，你不仅是在支持可持续时尚，也是在为保护地球出一份力。

加入V的复古革命，让我们一起探索无界的时尚，重现经典的魅力。无论在哪里，V复古风衣都将使你成为众人瞩目的焦点。

V复古风衣——不只是衣服，是你个性的展示。

13

▶ 第 13 章

其他工具的 AI 文案写作案例

　　除了前面几章介绍的文心一言、Kimi、通义和ChatGPT之外，用户还可以运用智谱清言、360智脑、讯飞星火、豆包、天工AI、秘塔AI搜索等AI工具，来满足不同的文案需求。本章以这6种工具为例，介绍AI文案的写作方法。

13.1 用智谱清言生成人际沟通文案

扫码看视频

智谱清言是一个基于人工智能技术的大型语言模型，它可以进行自然语言理解和生成，能够应用于智能客服、智能问答、机器翻译、文本生成等领域。例如，在智谱清言的帮助下，用户可以获得有效安慰他人的话语模板，以顺利安抚好友的情绪，为好友提供情绪价值，下面介绍具体的操作方法。

步骤 01 在浏览器中输入并搜索"智谱清言"，单击智谱清言官网的对应链接，如图13-1所示。

图 13-1　单击智谱清言官网的对应链接

步骤 02 执行操作后，即可进入智谱清言的官网，单击"立即体验"按钮，如图13-2所示。

图 13-2　单击"立即体验"按钮

步骤 03 执行操作后，进入智谱清言的首页，首页上自动弹出登录对话框，如图13-3所示，用户可以选择微信扫码或使用手机号进行登录。

图 13-3　弹出登录对话框

步骤 04 登录完成后，在输入框中输入指令，按键盘上的"Enter"键发送，即可获得回复，相关案例如下。

提问

请提供6个有效安慰他人的话语模板，以应对朋友考试没发挥好的情形，要让对方感到舒心和充满力量。

智谱清言

1．"别担心，考试只是检验我们知识的一种方式，它并不能完全决定你的未来。你的努力和才能远远超过了这个成绩，所以不要灰心，继续努力，相信你一定能取得更好的成绩！"

2．"考试没发挥好并不代表你没有能力，只是这次考试没有展现出你的实力而已。不要因为一次失败而怀疑自己，失败是成功的垫脚石，相信你能够从这次经历中吸取教训，下次一定会更加出色！"

3．"我知道你付出了很多努力，但有时候结果并不如我们所愿。不要因为这次的失利而沮丧，你的努力和才华是不会被一次考试所埋没的。相信自己，坚持努力，你一定能够取得你应得的成功！"

4．"考试只是人生中的一小部分，它并不能定义你的全部。你是一个有才华、有能力的人，不要因为一次考试的结果而质疑自己的价值。抬起头，继续前进，你的未来一定会更加美好！"

5．"我知道你现在可能感到失望和沮丧，但请记住，这些情绪是暂时的。失败并不代表你没有能力，而是提醒你还有更多的进步空间。相信自己的能力，坚持努力，你一定能够克服困难，取得更好的成绩！"

6．"考试没发挥好并不是世界末日，你的人生才刚刚开始。不要因为一次失败而放弃，你的梦想不会因为这次考试而破灭。相信自己，坚持追求，你一定能够实现自己的梦想！"

★ 专家提醒 ★

除了智谱清言之外，本章还会介绍360智脑、讯飞星火、豆包、天工AI和秘塔AI搜索的写作案例，这5种AI工具的登录与使用方法和智谱清言的相似，因此后续不再赘述，用户根据本节介绍的方法举一反三即可。

13.2 用360智脑生成旅行攻略

360智脑是360公司研发的一款认知型AI通用大模型，它具备生成创作、多轮对话、逻辑推理、知识问答等10大核心能力以及数百项细分功能。如果用户准备前往某个国家或某个城市游玩一番，可以事先询问360智脑，让它生成对应的旅行攻略，相关案例如下。

扫码看视频

提问

假设你是一名小红书旅行博主，请根据我的需求写一篇海南三亚的旅行攻略。

需求：我打算五月份去玩一周，预算为6000元，我很喜欢看美丽的风景，喜欢拍照记录美好。

360智脑

作为一名小红书旅行博主，我很高兴你选择了五月份来三亚游玩。这个时间属于三亚的旅游淡季，天气晴朗且人流较少，非常适合度假和摄影。下面是一份专为你定制的海南三亚一周旅行攻略。

预算分配建议

住宿：预计每天300元，共2100元

餐饮：预计每天100元，共700元

交通：预计每天50元，共350元

景点门票与活动：预计每天150元，共1050元

其他（购物、应急等）：400元

行程规划

第一天：抵达三亚

抵达三亚凤凰国际机场后，可乘坐机场巴士或出租车前往酒店。

办理入住后，在附近逛逛，适应环境，晚餐尝试当地海鲜。

第二天：蜈支洲岛

早上：乘船前往蜈支洲岛，欣赏美丽的海岸线。

下午：在岛上进行各种水上活动，如潜水、浮潜、骑海上摩托等。

晚上：返回市区，享用海南四大名菜之一的文昌鸡。

第三天：南山文化旅游区

上午：参观南山寺，了解寺庙文化，观赏壮观的海上观音像。

下午：游览大小洞天景区，欣赏奇特的海景和山景。

晚上：在第一市场品尝新鲜海鲜，并购买一些特产。

第四天：天涯海角

上午：游览天涯海角景区，拍摄美丽的海滩和著名的天涯石、海角石。

下午：前往西岛，体验不同的海岛风光和活动。

晚上：在三亚湾漫步，观赏日落。

第五天：亚龙湾热带天堂森林公园

上午：游览亚龙湾热带天堂森林公园，感受热带雨林的风情。

下午：前往亚龙湾海滩享受阳光和沙滩。

晚上：体验三亚的夜生活，如去夜市、酒吧街等。

第六天：海棠湾

上午：到海棠湾享受安静的海滩和清澈的海水。

下午：可选择半日游或一日游前往周边景点，如东岛、南田温泉等。

晚上：回到市区，享受一顿美味的海南料理。

第七天：休闲与购物

在酒店附近悠闲地度过一上午，可以再次体验当地的特色美食。

下午：进行购物，选购纪念品或特产。

晚上：整理行李，准备次日返程。

实用贴士：

防晒措施必不可少，同时要保持水分补充。

提前预订门票和参与活动可享受更多优惠。

三亚的公共交通发达，但为了更灵活地安排行程，可以考虑租一辆电动车或摩托车。

希望这份攻略能帮助你在三亚度过难忘的一周。记得随时记录你的旅程，并在小红书上分享你的美丽风景照片哦！祝旅途愉快！

13.3 用讯飞星火生成音乐歌词

▶ 扫码看视频

　　讯飞星火，是科大讯飞发布的新一代认知智能大模型，具备文本生成、语言理解、知识问答、逻辑推理等核心功能，可以通过自然对话方式理解与执行任务。讯飞星火的文本生成功能在音乐领域也能发挥作用，用户可以给出需要创作的歌曲主题、风格和要求，让讯飞星火生成对应的歌词，相关案例如下。

提问

请以温暖的爱为主题，创作一首民谣歌曲的歌词，要求：语句通顺，表达真情，字数控制在1000字以内。

讯飞星火

[前奏]
在轻柔的风中，我听见你的低语，
如晨曦初照，温暖我心深处。

[第一节]
你的笑容，如同春日绽放的花蕾，
温柔地拂过，唤醒沉睡的希望。
你的眼眸，闪烁着星辰的光芒，
照亮前行的路，驱散所有迷茫。

[副歌]
爱如暖阳，融化了冬日的霜，
在你的怀抱里，我找到了避风港。
爱似细雨，滋润了干涸的心田，
在你的目光下，我看见了生命的春天。

[第二节]
你的手，轻轻握紧，传递着力量，
在我疲惫时，给予我安慰和勇气。
你的话，如清泉般流淌，
在我耳边低语，抚平所有的忧伤。

[副歌]
爱如暖阳，融化了冬日的霜，
在你的怀抱里，我找到了避风港。
爱似细雨，滋润了干涸的心田，
在你的目光下，我看见了生命的春天。

[桥段]

当夜幕降临，星光点点，
你的声音是我最美的旋律。
在每一个寂静的夜晚，
你的存在，是我最温暖的慰藉。

[副歌]
爱如暖阳，融化了冬日的霜，
在你的怀抱里，我找到了避风港。
爱似细雨，滋润了干涸的心田，
在你的目光下，我看见了生命的春天。

[第三节]
你的吻，如花瓣轻触我的唇，
在这一刻，世界都变得温柔。
你的承诺，如海誓山盟般坚定，
在未来的日子里，我们携手共进。

[副歌]
爱如暖阳，融化了冬日的霜，
在你的怀抱里，我找到了避风港。
爱似细雨，滋润了干涸的心田，
在你的目光下，我看见了生命的春天。

[尾声]
在这条漫长而美丽的旅程上，
有你相伴，我已无所畏惧。
爱如暖阳，永远不灭的光，
在你心中，我也找到了永恒的方向。

13.4 用豆包激发童话故事创作灵感

扫码看视频

豆包，是字节跳动公司推出的，基于云雀大模型开发的AI工具，它具备写作助手、信息搜索、学习助手等功能，能够解答各种问题，并自如地进行对话，用户可以运用豆包进行各类文字创作，例如让豆包提供童话故事的创作灵感，相关案例如下。

提问

我是一名童话作家，想写一篇主题为"月亮上的兔子"的童话故事，要求情节合理，故事背景有趣独特，请你提供8个创作灵感。

豆包

以下是8个关于"月亮上的兔子"童话故事的创作灵感：

1. 神秘的月亮邀请函：一只在森林里的小兔子收到了一封来自月亮的神秘邀请函，它好奇地踏上了前往月亮的旅程，去探索月亮上的秘密。

2. 月亮上的魔法花园：讲述月亮上有一个神奇的魔法花园，兔子在那里发现了能实现愿望的花朵，但使用魔法也带来了一些意想不到的后果。

3. 兔子的星际冒险：兔子不小心登上了一艘飞往月亮的外星飞船，在月亮上遇到了各种外星生物，展开了一段惊险的星际冒险。

4. 月亮上的糖果屋：兔子在月亮上发现了一座全是糖果做成的屋子，它在里面尽情享受美味，但也面临着糖果屋主人的考验。

5. 音乐兔子在月亮：一只热爱音乐的兔子登上月亮，发现那里的石头能发出奇妙的音乐，它用这些音乐帮助月亮上的居民解决了难题。

6. 月亮上的影子伙伴：兔子在月亮上的影子居然活了过来，成为它的伙伴，它们一起在月亮上经历了许多有趣的事情。

7. 兔子的月亮宝藏：传说月亮上有一个巨大的宝藏，兔子历经艰难险阻去寻找，最后发现宝藏的真正意义。

8. 月亮上的失忆兔子：一只兔子在月亮上醒来，却失去了记忆，它在探索中逐渐找回自己的过去和使命。

13.5 用天工 AI 制订备考计划

扫码看视频

天工AI，是由昆仑万维推出的国内第一款融入大语言模型的搜索引擎，它可以理解用户意图，搜索全网海量信息，并通过AI技术进行归纳整合，实现高质量输出。在天工搜索的帮助下，用户可以更高效地完成备考计划的制订，从而积极地迎接考试的挑战，相关案例如下。

提问

我正在备考造价工程师执业资格考试，距离考试还有一个月，请根据以下信息为我制订一个备考计划。

相关信息：我比较擅长建设工程计价，建筑工程造价案例分析是我的薄弱项目；我希望能够获得比较高的分数；我周末的下午可以用来备考。

天工AI

为了帮助您在一个月内有效地备考造价工程师执业资格考试，特别是针对您薄弱的建筑工程造价案例分析部分，我将为您设计一个详细的备考计划。请注意，这个计划假设您每天有大约4～5小时的学习时间，包括周末的下午。

第1周：基础巩固与弱点定位

周一至周五

上午（2小时）：复习建设工程计价的理论知识，强化您擅长的领域。

下午（2～3小时）：开始接触建筑工程造价案例分析的基础知识，通过阅读教材、观看教学视频等方式学习。

周末

周六下午（4小时）：完成一到两个建筑工程造价案例分析的练习题，重点是理解题目中的关键概念和计算步骤。

周日下午（4小时）：回顾周六的练习，总结错误点和不熟悉的部分，查找相关资料进行针对性学习。

第2周：深入学习与实践

周一至周五

上午（2小时）：继续深化建设工程计价的知识点，特别是那些容易混淆或遗忘的内容。

下午（2～3小时）：专注于建筑工程造价案例分析，每天至少完成一个案例分析练习，并记录下解题过程中的难点。

周末

周六下午（4小时）：模拟考试，选择一套完整的建筑工程造价案例分析试题进行实战演练。

周日下午（4小时）：分析模拟考试的结果，找出错误原因，针对性地查阅资料和教材，强化理解和记忆。

第3周：强化训练与查漏补缺

周一至周五

上午（2小时）：进行建设工程计价的综合练习，提高解题速度和准确率。

下午（2～3小时）：继续进行建筑工程造价案例分析的练习，重点关注之前发现的薄弱

环节。

周末

周六下午（4小时）：再次进行模拟考试，这次可以选择不同类型的题目，以检验学习的全面性。

周日下午（4小时）：对模拟考试进行详细分析，尤其是案例分析部分，总结经验教训，完善解题策略。

第4周：冲刺阶段与心理准备

周一至周五

上午（2小时）：复习所有建设工程计价的重点和难点，确保知识点的熟练掌握。

下午（2～3小时）：集中攻克建筑工程造价案例分析中的难题，通过大量练习提高解题能力。

周末

周六下午（4小时）：最后一场模拟考试，尽量模拟真实考试环境，包括时间限制和答题方式。

周日下午（4小时）：放松心情，回顾整个备考过程，调整心态，准备迎接即将到来的考试。

在整个备考过程中，建议您保持良好的作息习惯，合理安排休息时间，保证充足的睡眠，以便在学习时保持最佳状态。同时，定期进行身体锻炼，有助于缓解压力，提高学习效率。祝您备考顺利，取得优异成绩！

13.6 用秘塔 AI 搜索生成课堂测验题

秘塔AI搜索，是一款创新型AI搜索引擎，它能够利用AI技术筛选整合全网信息，快速得到优质的回答，还可以为用户提供高效便捷的搜索体验，并能够满足用户的全部搜索需求。在秘塔的帮助下，用户可以快速获得相应的课程测验题目，相关案例如下。

扫码看视频

提问

你是一位高二的数学老师，请为你的学生编写一道数学应用题，知识点为三角函数，要求：全面考查学生对知识点的掌握程度，锻炼学生的思维能力。

秘塔AI搜索

题目：某船从A点出发，向正东方向航行。在B点测得灯塔C在北偏西30°的位置，继续航行半小时后，测得灯塔C在西北方向。若船速为每小时20海里，求A、B两点之间的距离。